小学数学教学疑难问题50讲

黄朝峰——著

全国教育科学"十三五"规划教育部重点课题"基于深度学习的小学数学说理课堂的实践研究（课题编号DHA180424）"的研究成果

海峡出版发行集团 | 海峡文艺出版社

目 录

本质上溯源

厘清三大关系　解决概念疑义 ·· 1

第1讲：$\frac{0}{1}$是真分数还是假分数 ·· 7

第2讲：循环小数42.82828…的循环节是"82"还是"28" ······· 9

第3讲：$\frac{1}{4}$的分子1表示的是单位"1"还是平均分成4份中的1份
··· 10

第4讲：长方体的长宽之争 ·· 13

第5讲：梯形的底——谁上谁下 ··· 14

第6讲："圆的任意一条直径都是它的对称轴"这种说法对吗 ····· 15

第7讲：圆柱高的定义变化引发的思考
　　　　——论严谨和理解之间的教学价值取向 ··················· 16

第8讲：可能性中的"可能"包括"一定"吗 ······························· 18

第9讲：关于数的组成，能否说"10可以分成0和10" ············ 19

第10讲：当"等式的传递性"碰到"有余数除法" ····················· 20

第11讲：估算的结果越接近精确值越好吗 ································ 22

第12讲：不要让"创造规律"变成戴着镣铐的思维舞蹈 ············ 24

第13讲：强化应用意识，提升财商素养 ··································· 27

规范内寻理

把握"三性"谈规范，树立科学数学观 ···································· 30

第14讲：要0不要0，不写行不行
　　　——把握问题本质，立足学生发展 ································· 36
第15讲：数学中"以内、以外和以上、以下"如何界定 ············· 38
第16讲："从9：30到11：45，经过了多长时间"你会怎样列式解答
　　　··· 41
第17讲："1200008000"读作十二亿八千还是十二亿零八千 ····· 43
第18讲：确定位置，是用较小夹角描述好，还是以南北为基准描述
　　　更好 ·· 45
第19讲：如此"左右"让孩子如何左右 ································· 47
第20讲：图形的放大和缩小与图形的方向有关吗 ····················· 49
第21讲：小学运算律有"减法的性质"和"除法的性质"吗 ······ 52

常识处求真

如何理解小数乘小数的算理
　　——以0.3×0.5为例 ··· 55
第22讲：关于相邻长度单位之间的进率考证及思辨 ················· 58
第23讲：为什么"9的乘法口诀"能用双手表示 ····················· 62
第24讲：为什么只要看因数中一共有几位小数就能确定积有几位
　　　小数 ·· 64
第25讲：数小棒时为什么要将10根捆成一捆 ························· 66
第26讲：为什么倒序数之间的差都是9的倍数 ························· 69
第27讲：同样是回文算式，为什么13×62＝26×31，而 12×34≠43×21
　　　··· 72
第28讲：异分母分数相加、减为什么要先通分再加减 ·············· 76
第29讲：分数乘分数为什么不用通分 ··································· 79
第30讲：为什么大小、形状不同的三角形内角和都是180° ········ 82
第31讲：为什么正n边形有n条对称轴 ································· 85
第32讲：为什么两个三角形必须完全相同才能拼成平行四边形 ······
　　　··· 87

第33讲：为什么用正方形作面积单位比较合适 ······ 89

第34讲："找次品"为什么要尽量三等分 ······ 92

辨析中赋能

创新习题设计，让学生张开思维的羽翼 ······ 94

第35讲：定商问题：谁最高 ······ 99

第36讲：用了什么律——秘密，不仅仅是交换 ······ 100

第37讲：近似值0.5的两位小数是否包括0.50 ······ 102

第38讲：48人能排成多少种不同的矩阵 ······ 103

第39讲：数字0、1、3、8是否轴对称图形 ······ 106

第40讲：天安门、五星红旗是轴对称图形吗 ······ 108

第41讲："圆是特殊的扇形"这种说法对吗 ······ 110

第42讲："观"要有法，"察"亦有度 ······ 112

第43讲：从"3红1黄"中任意摸出一球，可能出现几种结果 ······ 115

第44讲：增强"六性"，还作业可爱的模样
——"双减"背景下的习题设计与思考 ······ 118

教研拾遗

第45讲：小学数学疑难问题的成因及解决策略 ······ 123

第46讲：一举两得，简单背后见深刻
——"分数的简单应用"教学例谈 ······ 129

第47讲：核心素养视域下的小学数学命题指向 ······ 134

第48讲：凸显数学思考，提升数学素养
——促进学生数学思考的习题设计探讨 ······ 141

第49讲：设计关键活动，孵化说理能力 ······ 146

第50讲：拓宽研读维度，深度理解教材 ······ 150

● 本质上溯源

厘清三大关系　解决概念疑义

教学疑难、争议问题历来是困扰一线教师、影响教学与评价的"沉疴痼疾"。究其原因，多数数学概念的疑义源于教材的阶段性要求、学科概念与生活习惯的差异以及教师的片面解读等。根据小学生的认知特点和学段要求，教材里的数学概念多数采用描述性定义，因而产生了一些概念不明确、不完整和不严密的问题。我认为，要解决这些概念疑义，防止教师片面理解和错误解读，必须厘清整体与阶段、规定与俗成、形式与本质等三大关系。

一、整体 VS 阶段，合"度"而行

[问题归因]

数学作为一门科学是讲究整体性和严密性的，而作为学科却有其阶段性。出于学生阶段认知水平的制约以及学段主干知识的要求达成与凸显核心目标的考虑，教材上呈现的有些概念显得不是很严谨，因此造成一些教师理解上的困惑。

[案例解析]

问题 1. 教学二年级上册"角的初步认识"时，认识锐角和钝角，是以直角为标准，锐角"比直角小"，钝角"比直角大"。要不要加上"大于 0 度""比平角小"这样的补充说明？

简析：这是关于整体认识和阶段把握的问题。2011 年版课标第一学段要求："结合生活情境认识角，了解直角、锐角和钝角。"即只要学生能从具体实例中知道或举例说明对象的有关特征；根据对象的特征，从具体情境中辨认或者举例说明对象。由于二年级学生还没有学习有关角的度量知识,所以此时只要学生能把一个角与直角进行比较,知道它是哪一种角即可。

第二学段要求:知道平角与周角,了解周角、平角、钝角、直角、锐角之间的关系。因此,到了学生四年级上学期学习"角的分类"时,在"角的度量"基础上进一步认识锐角和钝角,这时可以要求学生根据角的度数来区分锐角和钝角,明确钝角大于直角(90°)而小于平角(180°);锐角小于直角(90°)。

小学阶段所定义的角是有公共端点的两条射线组成的图形,所以不宜介入"零度角"这个概念,此时研究零度角也没有意义,而且周角的认识这个难点还是通过用折扇等实物慢慢打开,直至旋转一周至两边重合,以直观演示的方式来予以突破。若添上零度角只会给学生增加无谓的干扰。

问题2. 正反比例中涉及K,要求K的值一定,问:K值能否为0?如果$K=0$,那是什么关系?

简析:根据小学教材给出正比例的意义及正比例关系式$\frac{Y}{X}=K$(一定),只明确K是一个常数,而没有明确K值能否为0。从正比例的图像看,有经过原点(0,0),而教材给出的关系式$\frac{Y}{X}=K$(一定),X是分母不能为0,由此引发争议:K能否为0。认真分析教材给出的定义,我们还是可以确定K不能为0,因为如果K为0,则分子(Y)为0。那么此时,X就可以是任意实数。一个量变化,另一个量没有变化,就与正比例的意义产生矛盾。中学数学中正比例函数的关系式通常写成$Y=KX$,X、Y的取值范围是任意实数,这样我们就可以明白它的图像是过原点的一条直线,即X和Y都可以是0,而K是不能为0的。小学教材中将正比例关系式以$\frac{Y}{X}=K$(一定)呈现,是为了与反比例关系式$XY=K$(一定)对比出现,让小学生更直观、形象地理解其意义。

[解决策略]

小学数学教材的编写是按数学知识的逻辑结构,从低到高,螺旋式上升编排的，往往在一阶段内只学习某一知识的一部分，在后续的教学中再逐步地加深和拓宽，达到不断拓宽、强化、上升的结果。所以我们在解决这类问题时，应当处理好整体与阶段的关系，既要从宏观上整体把握数学知识的逻辑体系，又要从微观上合理把握同一内容体系的阶段定位。对于该阶段不要求介入的问题应当个别处理，不做统一要求。对于类似问题，在教学或命题时要注意准确把握尺度，留有余地。

二、规定 VS 俗成，依"理"而定

[问题归因]

数学学习中有些辅助性概念是阶段性产物，无多大实质意义，但为了该学段学习与交流的方便，避免产生歧义，还是必须约定俗成，形成大家都认同的"普通话"。而制定这种"普通话"还应从数学的本质出发，做到定之有因，定之有理。

[案例解析]

问题 3. 长方形中规定长边为长，短边为宽，那么长方体中的长和宽怎么区分？

简析：说法 1——横长侧宽，即：按摆放的位置，水平横向的棱是长方体的长，侧面指向观察者的棱为宽。说法 2——长长宽短，即：当长方体的摆放位置固定以后，我们习惯于把底面中较长的棱叫作长，较短的棱叫作宽。

小学数学学习中出现这样一些相对的名称，虽因种种原因没有进行明确的定义区分，但为了使用和交流的方便，通常还是有一些约定俗成，区分的标准应该是数学的本质属性（长短、大小），而不是其他非本质属性（如图形的位置、方向）。如，在长方形中规定通常长边为长、短边为宽。从点、线、面、体之间的动态联系来看，点动成线、线动成面、面动成体，体是由面发展来的，这种数学本质上的规定更能体现一脉相承。因此在长方体中，除了高是相对于底面而言，长和宽的区分还是相对于长短而言的。

[解决策略]

"数学规定"是指数学中约定俗成的，不便于向学生解释"为什么"

的那部分数学知识。从便于学生理解和可持续发展的角度来看，以"规定"一言蔽之是不够的，这就要求我们教师要深研教材，给学生提供与"数学规定"有关的结构化的学习材料，让学生通过分析思考、探究实验，去发现"数学规定"，经历"再创造"过程，从而打破原有的认知结构，建立新的认知结构。让学生对"数学规定"知其然且知其所以然，明其理方能自觉守其规。

三、形式 VS 本质，唯"真"而求

[问题归因]

数学概念的内涵要借助一定的形式来体现，因此适当关注形式可以帮助我们由表及里，透过形式看清本质。但是，有的时候我们往往会过分重视形式化，以形式来理解本质，甚至替代本质，从而引发一些"形而上学"问题，主要存在推理逻辑不清、命题目的不明、概念理解不透等误区。

[案例解析]

（1）推理逻辑不清。

问题4. 教学轴对称图形时，教师让学生判断平行四边形是不是轴对称图形。学生交流后，教师给出结论"平行四边形不是轴对称图形"。这样处理合理吗？

简析：这样处理不合理，属于以全称判断来代替特称判断，即以偏概全。

"平行四边形是轴对称图形"是全称肯定判断；"平行四边形不是轴对称图形"是全称否定判断。有的老师主观上存在非此即彼的思想，认为如果"平行四边形是轴对称图形"这个命题是假命题，那么"平行四边形不是轴对称图形"一定就是真命题。其实，"平行四边形"和"轴对称图形"这两个概念既非如图①全同关系、图②种属关系，又非如图③和图④是全异关系，而是图⑤所表示的交叉关系：轴对称图形和平行四边形除了共有的菱形、长方形、正方形外，还有各自的外延。所以在组织学生讨论"平行四边形是不是轴对称图形"时，要引导学生全面看问题，并能具体情况具体分析。

① ② ③ ④ ⑤
（轴对称图形 平行四边形 / 轴对称图形 平行四边形 / 轴对称图形 平行四边形 / 轴对称图形 平行四边形 / 轴对称图形 平行四边形）

如下列特称判断才是真命题。

有些平行四边形是轴对称图形（　　）；有些平行四边形不是轴对称图形（　　）；

有些轴对称图形是平行四边形（　　）；有些轴对称图形不是平行四边形（　　）。

如要作出全称判断，就需要在"平行四边形"之前，添加适当的定语。

（任何）含有直角或邻边相等的平行四边形都是轴对称图形；

（任何）不含直角并且邻边不等的平行四边形都不是轴对称图形。

总之，要培养学生理性思维的严密性和完整性，适当充实有关的逻辑知识。

（2）命题目的不明。

问题5. 长方体可能有四个相对的面是正方形；正方体的6个面都是长方形。上面这两个命题正确吗？

简析：从命题的真假来看，这两个命题是真命题。如正方体的六个面都是正方形；正方形是特殊的长方形；正方体的六个面都是长方形。只不过小学阶段比较强调长方形和正方形（长方体和正方体）各自的特征，而让部分学生认为正方形（正方体）是与长方形（长方体）平等的并列概念，往往将长方形（长方体）狭义化，认为只有不包含正方形（正方体）的长方形（长方体）才是所谓的长方形（长方体）。

但从命题的目的性来看，这是劣质命题，劣在其考查目的不清。优质命题应该做到考查目的明确，既具有思维含量又无歧义，可以引发学生空间想象，有利于培养学生的空间观念。如：

有两个面是正方形的长方体一定是正方体。………………（　　）

有两个相邻的面是正方形的长方体一定是正方体。………（　　）

（3）概念理解不透。

问题 6. 最大的分数单位是多少？是 $\frac{1}{1}$ 还是 $\frac{1}{2}$？分数的分子能不能是 0？

简析： 最大的分数单位是 $\frac{1}{2}$；分数的分子不能为 0。各种教材对分数的定义基本上都是"把单位'1'平均分成若干份，表示这样的一份或几份的数叫作分数"。从该定义看，教材中的分子、分母都是非零自然数，分数的分子不能是 0。而把单位"1"分成若干份，$\frac{1}{1}$ 没有"分"的实质，所以最大的分数单位应该是 $\frac{1}{2}$。

[**解决策略**]

数学概念是现实生活中某一数量关系和空间形式的本质属性在人的思维中的反映。为了使学生能更好地理解数学概念，在教学或命题时往往会赋予它各种源于现实生活的具体形式。但是有时正是这种过于华丽多彩的"生活外衣"会掩盖概念的本质，迷离人们的眼睛。所以要解决这类问题，应当处理好形式与本质的关系，切忌望文生义、断章取义，更不要在命题时形而上学、因形废意，从而背离命题初衷。

第1讲：$\dfrac{0}{1}$是真分数还是假分数

问题：近来很多老师提到由0和1的特殊性引发的一些有关分数名词界定上的困惑。如：分数的分母能不能为1？最大的分数单位是$\dfrac{1}{1}$还是$\dfrac{1}{2}$？分数的分子能不能为0？计算过程中出现的$\dfrac{0}{3}$这样的数是分数吗？$\dfrac{0}{1}$是真分数还是假分数？

答：说到底都是0和1惹的祸。在数学中，0和1是具有特殊性质的两个数。正因为如此，为了数学研究的纯粹性和应用性，有时特别申明避开，以免使研究复杂化（如数的整除中特别申明"0除外"，因为研究最大公因数和最小公倍数时，如果不排除0，很多问题无从讨论。比如：讨论0和5的最大公因数，既没有实际意义，也没有数学意义；再如，把0考虑在内，任意两个自然数的最小公倍数就是0，这样的研究也没有任何价值）；但从数学知识的系统性和研究结论的普适性的角度出发，有时对0和1的特殊情况加以补充定义会使数学结论的涵盖面更广，相关知识更系统化，更具完整性（能涵盖它所对应的数集），这样更有利于数学上的计算和一般性研究。

1. 从数学的严谨性和研究的纯粹性而言，$\dfrac{m}{1}$和$\dfrac{0}{n}$不在分数的正式编制之内。

分数的原始定义规定：$\dfrac{m}{n}$中"m、n都是非零的自然数，且$n>1$"。因为无论基于度量的含义还是除法的含义，"被平均分"的m不能为0，否则无可"分"，而平均分成的份数n显然也要"大于或等于2"，否则没有

7

"分"。小学各版本教材中对分数的定义都是"把单位'1'平均分成若干份，表示这样的一份或几份的数"，也就是指原始定义的（或者说"狭义"的）分数。这样更有利于学生理解分数的意义。在这样的定义下，显然，$\frac{m}{1}$和$\frac{0}{n}$这样的数，都没有"分"的实质，所以就不能视为分数。因此，分数的分母不能为1，最大的分数单位是$\frac{1}{2}$；分数的分子不能为0，像$\frac{0}{3}$、$\frac{0}{1}$这样的数不是分数，更谈不上真分数或假分数。

2. 从知识的系统性和运算的封闭性而言，不妨宽容地把它们看成特殊的"分数"。

在计算的过程中，有时候不可避免地会出现形如$\frac{m}{1}$和$\frac{0}{n}$这样"具有分数形式，但不具分数实质"的数，考虑到数的系统的逻辑严密性，从运算的需要出发，为了使分数成为整数的扩展，并且使除法运算符合"封闭性"，所以需要增加补充定义：当$n=1$时，$\frac{m}{n}=\frac{m}{1}=m$；当$m=0$时，$\frac{m}{n}=\frac{0}{n}=0$。这样从广义的角度，整数（包括0）就可以看成特殊规定下的特殊"分数"，比如像$\frac{7}{1}$这样的"假分数"，像$\frac{0}{3}$这样的"零分数"，但这显然只是为了在分数系统内进行数学运算的需要。

3. 从教学的有效性和评价的科学性而言，在分数概念的理解上要淡化形式、关注本质。

如果学生只盯着这些运算过程中出现的"变异"形式钻牛角尖，是没有"营养"价值的。设计习题或试题时要避免提出类似的问题让学生去判断或填空，没有必要让学生为此争论不休。

要引导学生在一些问题的分析时关注0和1的特殊性，养成学生辩证分析、分类思考的良好习惯。

第2讲：循环小数 42.82828… 的循环节是"82"还是"28"

问题：循环小数 42.82828… 的循环节是"82"还是"28"？循环节可以从整数部分算起吗？

答：我认为循环小数 42.82828… 的循环节应当是"82"更为合理。

首先，应当指出的是循环小数的"循环"是针对小数部分而言，所以循环节应当从小数部分算起。

循环小数的定义是："一个数的小数部分，从某一位起，一个数字或者几个数字依次不断重复出现，这样的小数叫作循环小数。依次不断重复出现的数字叫作这个循环小数的循环节。"由此可见循环节是指"小数部分"的规律，不能从整数部分算起。

其次，为了书写简便，循环部分只写出第一个循环节，并在循环节的首位和末位的数字上面各记一个圆点。为了数学表示的规范和简约，通常循环节从小数部分第一个开始循环的数字算起。

1. 从数学的规范性而言。$\frac{82}{99}=0.8282\cdots$，若单独出现 $0.8282\cdots$，规范的写法应写出两个或两个以上的完整循环节以明确省略部分，不至于产生歧义。

2. 从数学的简约性而言。将它们化成分数比较可知：

$0.\dot{8}\dot{2}=\frac{82}{99}$；$0.\dot{8}2\dot{8}=\frac{828-8}{990}=\frac{82}{99}$，二者是等值的。显然，任意一个循环小数都可以像这样进行多种形式不同结果却相等的"变身"，但是这种多样表达并无实质区别和需要，而前者这种表达既是最简的，也是唯一的。

第 3 讲：$\frac{1}{4}$ 的分子 1 表示的是单位 "1" 还是平均分成 4 份中的 1 份

"$\frac{1}{4}$ 的分子 1 表示的是单位 '1' 还是平均分成 4 份中的 1 份？"针对类似问题，主要存在两种观点。

第一种观点认为 $\frac{1}{4}$ 的分子 1 表示的是把单位 "1" 平均分成 4 份中的 1 份，这也是很多版本教材所采用的观点——平均分成几份分母就是几，表示其中的几份分子就是几。这和汉语的分数读写法相一致，如四分之一，四份中的一份。

第二种观点认为 $\frac{1}{4}$ 的分子 1 表示的是被平均分成 4 份的单位 "1"，理由是分数与除法的关系：$a \div b = \frac{a}{b}$（$b \neq 0$），即分数的分子相当于被除数，分母相当于除数。那么 $\frac{1}{4}$ 的分子 1 相当于 1÷4 这个除法算式中的被除数，即被平均分的单位 "1"。

我认为这两种观点都没问题，俗话说"横看成岭侧成峰，远近高低各不同"，对同一事物，从不同的角度会有不同的认识。上述两种观点就是从分数的不同意义出发给出对分子的不同理解。基于分数概念的抽象性和多重性（分数具有份数定义、测量定义、比定义、商定义等），为了让学生更好地经历由直观到抽象、简单到丰富、感性到理性的认识分数意义过程，大部分教材都选择由借助操作、具体直观的"部分——整体"（份数定义）的角度入手初步认识分数。比如通过将一块月饼平均分成 4 份，表示其中的一份的数是$\frac{1}{4}$，这个$\frac{1}{4}$就是分数单位，若表示这样的3份就是3个$\frac{1}{4}$，即$\frac{3}{4}$。其实这个"平均分"操作本身就具有两重含义，以$\frac{1}{4}$为例，一是在描述"平均分"的过程——整体被"一分为四"；二是在表示"平均分"的结果——每份是"四分之一"。所以持第一种观点来看的人认为，$\frac{1}{4}$的分子1表示的是被平均分成4份的单位"1"，并以分数与除法的关系（商定义）为佐证：$1 \div 4 = \frac{1}{4}$，等式左边的被除数1和等式右边的分子1表示的意思是一致的，即被平均分成4份的单位"1"。而持第二种观点来看的人认为，$\frac{1}{4}$的分子1是表示单位"1"被平均分成4份后其中的1份，这与比定义相一致。如图所示，把作为标准量的单位"1"平均分成4份，比较量只有其中，1份，比较量：标准量＝1：4＝$\frac{1}{4}$。我认为这正是体现分数意义的多重性之处，不妨兼容并蓄，让学生在丰富的多层级理解中对分数意义走向深入。

但是我认为从数的认识的一致性来说，如何从更本质的高度去沟通不同层级分数意义的相互联系则是必要的。比如以$\frac{2}{3}$为例，从份数定义（部分与整体关系）理解，$\frac{2}{3}$是由2个$\frac{1}{3}$组成的，即分母3表示这个分数的分数单位是$\frac{1}{3}$，分子2表示它有2个这样的分数单位；从商定义（分数与除

法关系）来看，$2÷3=\dfrac{2}{3}$ 其实这个证明过程被省略掉了，真正的推导过程应该是基于"除以一个数等于乘这个数的倒数"，即 $2÷3=2×\dfrac{1}{3}=\dfrac{2}{3}$，如此看来，$\dfrac{2}{3}$ 的分母 3 同样还是表示它的分数单位是 $\dfrac{1}{3}$，分子 2 也还是表示它有 2 个 $\dfrac{1}{3}$，本质上不但与前者相一致了，而且与整数和小数的意义也实现了"大同"，都是表示几个"几"。

因此我认为，对于分数意义的在教学上既要认真研读教材，把握好教材对不同学习阶段的目标定位，又要站在整体的视角理解知识的本质，把握分数概念表达的多重性特征以及各种表达之间的相互关联，这样才能更好地引导学生对分数意义的理解逐渐走向丰富、走向深入，从而实现对分数概念地深度建构。

第4讲：长方体的长宽之争

问题：长方形中规定长边为长、短边为宽，那么长方体中的长和宽是怎么区分的？

答：长方体中的长和宽的区分，通常也和长方形一样，是以它们相对的长短为标准，即长边为"长"、短边为"宽"。

小学数学中一些相对的名称，虽因种种原因没有进行明确的定义区分，但为了方便使用和交流，通常以约定俗成的形式予以区分，采用的标准应该是反映数学本质的、确定的（如长短、大小），而不是其他非数学本质的、会变化的（如图形的位置和方向）。有人主张前"长"侧"宽"（即按摆放的位置，前面水平方向的棱为长，侧面的棱为宽），显然这是非数学本质的规定，而且会因物体方向、位置的改变而变化，所以是不适宜的。

另外，从点、线、面、体之间的动态联系来看，点动成线、线动成面、面动成体，体是由面发展而来的，长"长"短"宽"，这种基于数学本质的规定更能体现学科知识体系的一脉相承。因此，在长方体中，除了"高"是相对于底面而言的，长和宽的区分则和底面的长方形一样，是相对于长短而言的。

第5讲：梯形的底——谁上谁下

问题：梯形上底、下底的区分，到底是以长短为标准（短边为上底，长边为下底），还是以位置为标准（居上为上底，居下为下底）？

答：梯形上底、下底通常以长短为标准来区分的，短边为上底，长边为下底。

学习几何图形时，为了有效地建立表象，教材中的图形往往是以标准位图的形式出现，以标准图形的"稳定性"使学生初步了解图形的某些特征，建立起对几何图形的基本认识。然后再提供变式图形，帮助学生在观察、比较中进行思考辨析，进一步掌握几何图形的本质特征。这种做法无论从教师的教还是学生的学来说，都是很有道理的。但这样往往会使一部分师生产生误解，认为这种标准出示的图形就是概念的根本，如梯形的上底、下底概念就是一个典型，一般人认为"居上为上底，居下为下底"。

其实，四年级上册的数学教学用书已有明确说明：通常把较短的底叫上底，较长的底叫下底。八年级下册的数学教学用书也特别强调：梯形中，互相平行的两边叫作梯形的底，上底、下底只是习惯叫法，不是定义。它们是以梯形中平行的两边长短（即不变特征）来区分的，不是按这两边所在的位置（即可变特征）来确定的。

推而广之，平面或立体几何图形中的一些名称，一般都根据其不变的本质来确定，而不能按可变的属性去区分。另外，这种区分多数只是为了方便交流或教学，无关数学本质，所以也无须太在意，更不要人为地编一些这样的题目去为难学生。

第6讲:"圆的任意一条直径都是它的对称轴"这种说法对吗

问题:有老师问,经常听到有人说"圆的任意一条直径都是它的对称轴",这种说法对吗?

答:在认识了轴对称图形与圆之后,学生常常会说"任意一条直径都是圆的对称轴",甚至有些教辅材料还以此作为判断题让学生判断,这样的说法到底正确还是错误呢?许多老师都为此伤脑筋,左右为难:若说对,但图形的对称轴是一条虚拟的线,没有特定长度,而直径是一条线段;若说错,沿着直径对折,左右两边确实可以完全重合,直径所在的这条直线就是这个圆的对称轴。

对于这个模棱两可的问题,我们的建议是:当学生这么说时,教师要在肯定的基础上,引导更为严谨的表述"圆的直径所在的直线是这个圆的对称轴";而教师将这样的问题作为判断题让学生进行判断没多大的意义。因为从考查或练习的目的来看,如果"任意一条直径都是圆的对称轴"作为判断题是要学生明确"对称轴是直线而不是线段",这显然不是小学阶段对称轴图形学习的要求。而且,《义务教育数学课程标准(2011年版)》强调"结合实例,感受轴对称现象","通过观察、操作等活动,进一步认识轴对称图形及其对称轴",而像"任意一条直径都是圆的对称轴"这样"咬文嚼字"式的问题对于发展学生数学素养是没有多大价值的。

第7讲：圆柱高的定义变化引发的思考

——论严谨和理解之间的教学价值取向

大家都注意到人教版新版教材将圆柱高的定义由原来的"圆柱的两个底面之间的距离叫作高"改成"圆柱的两个底面圆心之间的距离叫作高"。对于这种改法大家褒贬不一，赞成的人认为这样改能令圆柱高的定义更加明确，图文一致。反对的人认为这样改以偏概全不严谨，因为"圆柱的两个底面圆心之间的距离"只是圆柱的无数条高中的一条。

观察一个圆柱形的物体，看一看它是由哪些部分组成的，有什么特征。

圆柱是由3个面围成的。圆柱的上、下两个面叫作表面，周围的面（上、下底面除外）叫作侧面。圆柱的两个底面之间的距离叫作高。

(原版教材)

观察一个圆柱形的物体，看一看它是由哪几部分组成的，有什么特征。

圆柱是由3个面围成的。圆柱的上、下两个面叫作表面，周围的面（上、下底面除外）叫作侧面。圆柱的两个底面圆心之间的距离叫作高。

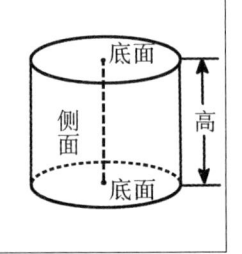

(新版教材)

我认为这样改只是两害相权取其轻，是编者在追求严谨和追求理解之间所做的取舍。

小学数学中我们不单单要记住它名为"数"，充满逻辑严谨之美，还要知道它姓"小"，要重视小学生的立场。原来课本中圆柱高的定义涉及两个平行的平面之间的距离，即圆柱的两底面之间的垂线段长度，而小学生没有学过与面相关的垂线知识，为了降低学生的理解难度，编者在定义中添上了"圆心"二字，这样学生就可以根据"两点之间的距离"具体、直观的理解圆柱的高。教材的编者可谓用心良苦，舍弃学生不理解的严谨，选择他们理解的不严谨。类似这样的处理小学教材里还有很多，比如人教版五年级下册的《分数与除法》一课，$3 \div 4 = \frac{3}{4}$的推理过程中省略了一步，真正严谨的推导应该是$3 \div 4 = 3 \times \frac{1}{4} = \frac{3}{4}$，因为此时学生还没学到"除以一个数等于乘以这个数的倒数"，所以只能结合具体分物情境，让学生在操作中直观理解1个月饼平均分给4个人，每人会分得$\frac{1}{4}$块，3个月饼平均分给4个人，每人会分得3个$\frac{1}{4}$块，即$\frac{3}{4}$块。实际上已经从直观意义上完成了$3 \div 4 = 3 \times \frac{1}{4} = \frac{3}{4}$的完整推理。

我认为这样改弊大于利，据了解原教材采用的"圆柱的两个底面之间的距离叫作高"的定义，加上所配的直观图在圆柱的侧面标示出"高"，又用虚线连接圆柱上下两底面的圆心，既保证了概念的严谨性，让学生知道圆柱的两个底面所在的平面之间的垂线段都是圆柱的高，又兼顾了代表性，以举例的方式直观显示圆柱上下两底面的圆心之间的距离等于圆柱的高，是圆柱的无数条高线中最典型、直观的一条，所以学生实际上对原来圆柱高的定义不存在理解上的困难。现在直接将圆柱的高定义成"圆柱的两个底面圆心之间的距离"，虽然教起来省事，但学生会先入为主误以为"圆柱的高只能是两个底面圆心之间的距离"，此时即使再看配图也只能强化"第一印象"。

第8讲：可能性中的"可能"包括"一定"吗

有位老师说，他在上《可能性》这节课时让学生做一道题：盒子里有五个球，怎么涂才能使摸出的可能是黑球？他发现一位学生把五个球全都涂成黑色（如右图），就问道：可能摸出黑球，怎么能都是黑球呢？学生说：我觉得都放黑球非常可能、绝对可能摸出黑球。这位老师明知学生说得不对，但觉得很有道理，不知道应该怎么回答。

其实，这是生活语言和数学概念的差异，数学上的"可能"不包括"一定"。

从生活语言来说：对一个事件是否发生的判定分为可能与不可能，二者之间属于矛盾关系（非此即彼），所以生活中的"可能"包括"一定"。

对数学概念而言：对一个事件是否发生的判定分为确定现象与随机现象，"一定"和"不可能"都属于确定现象，"可能"属于随机现象，若用集合图表示，一个集合圈里包含确定现象和随机现象两个部分，可能属于随机现象，"一定"和"不可能"属于确定现象。如图用数轴上0和1之间这段表示可能性的大小，可能性为0表示"不可能"；可能性为1表示"一定"；而"可能"表示的就是大于0小于1的中间部分。

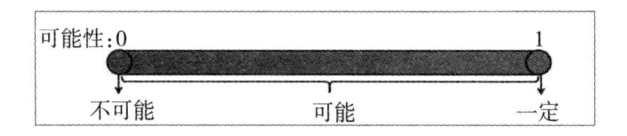

由此可见，确定现象与随机现象之间属于矛盾关系（非此即彼），但"可能"与"一定"两概念间的关系在数学上属于对立关系，所以"可能"不包括"一定"。

第9讲:关于数的组成,能否说"10可以分成0和10"

问题:关于数的组成,能否说"10可以分成0和10"呢?

答:10可以分成1和9、2和8、3和7……那能否说10可以分成0和10呢?

我认为不宜这样说,这是"数的组成"问题。学习了数数以后,我们说"2是由1和1组成的",是因为先数了一个,然后再数一个,就能得到"2"个。在这里,1、1、2的计数单位都是"一",也就是说"1个一"和"1个一",合起来是"2个一",也就组成"2"。反过来,就说"2是由1和1组成的"。

同理,"3是由1和2组成的",这里的"2"的计数单位仍然是"一"。因此,当我们说"10是由3和7组成的""10可以分成3和7"的时候,意思是"10个一是由3个一和7个一组成的",它们的计数单位都是"一"。

而"0"虽然也是一个数,但它不是计数单位,也不含有几个计数单位,它表示"没有"的状态。无论多少个0都不能组成另一个数,所以"10是由0和10组成的"这种说法不成立。相应地也不能说"10可以分成0和10",何况这样并没有把10分成两部分,也就是没有"分"。

所以,我们在说数的组成或分成时,不要说它是由本身和0组成的,或者说它可以分成本身和0。

第10讲：当"等式的传递性"碰到"有余数除法"

问题：为什么等式的传递性碰到有余数除法就失灵啦？

有位老师发现学生计算时出现：360÷50 = 36÷5 = 7……1。学生说：360÷50 = 36÷5，36÷5 = 7……1，那么 360÷50 = 36÷5 = 7……1。老师明知这么做有错，但无法反驳。

答：首先，教师要充分认识有余数除法的横式写法有别于一般等式的特殊性。

有余数除法的横式写法是一种特殊的记录方法。小学生碰到无法整除又要求存在唯一的运算结果时，在还没学会用小数或分数表示商之前，只是将余下的不能继续分得整数商的部分用连接号记在算式的后面。即 $a \div b = q……r$ 实际上是 $(a-r) \div b = q$ 的另一种记法，这种记法的好处是与整除算式一致，是顺向思维；弊端在于不能分得整数商的部分（即余数），使人误以为余数和商组成了有余数除法的完整商，实际上有余数除法的余数不是商的一部分，而是被除数的一部分（表示没参与分的部分）。

不管是 $(a-r) \div b = q$，还是 $a \div b = q + r/b$，等号左右两边都是等价的，具有等式的自反性、对称性和传递性，而"$a \div b = q……r$"是一个整体，如果把等号右边的"$q……r$"单独拿出来并没有实际意义，所以这里的等号不是表示真正的等价意义，而是联结运算对象和运算过程的指示符号，所以它不具有一般等式的对称性和传递性。也就是说，不能把 360÷50 = 7……10 左右两边交换位置，写成 7……10 = 360÷50，也不能根据 360÷50 = 36÷5 和 36÷5 = 7……1 推出 360÷50 = 7……1。

其次，对学生而言更重要的是理解两种算式的算法异同及其背后的算理。

一是要借助几何直观让学生理解 360÷50 和 36÷5 的相同之处。即不管 36000÷5000、3600÷500，还是 360÷50，其实都可以用 36÷5 来运算，把 360 看成 36 个十，把 50 看成 5 个十，这样一来 360÷50 就变成把 36 个十除以 5 个十，商还是 7（份），但余数 1 指的却是 1 个十，同理 36000÷5000、3600÷500 都可以通过转换计数单位或根据商不变规律，转化成 36÷5 来运算，商不变，余数却发生相应变化。要求原题的余数，就必须反向运算。比如把 3600÷500 看成 36÷5，被除数和除数同时都除以 100，所得余数只有原题余数的 $\frac{1}{100}$，要求原题余数，应该用现在的余数乘 100。

二是可利用验算的方法来验证 360÷50 和 36÷5 的不同之处。让学生发现用 7×50+10＝360 是对的，而用 7×50+1＝351 不符合题意，是错的。进而引导他们充分理解把 360÷50 转化成 36÷5 进行简便运算的竖式中的余数的真正含义。

第 11 讲：估算的结果越接近精确值越好吗

问题：估算的结果越接近精确值越好吗？

比如估算 192+318，有的学生将 192 估作 200、318 估作 300，估得结果是 500；有的学生却将 192 估作 190、318 估作 320，估得结果是 510。哪种估法更合理呢？

答：我认为在评价学生的估算结果时，不是与精确值越接近就越好，而要引导学生对多种多样的估算方法进行交流与评价，更多地关注估算结果是否合情合理。所以，在评价多样的估算结果时要注意把握以下几点：

(1) 注意估算要求的阶段性。

估算学习的阶段不同，估算精确度的要求可以不同。刚接触估算时，允许估算结果落在一个较大的区间内，有了一定的估算经验后，就要求结果的范围能尽量缩小。

(2) 关注估算结果的区间值。

纯式题的估算，不能简单地把估算结果是否与精确值最接近作为唯一的标准，估算结果只要能落在一定的区间内，就可视为合理。比如，"估算 294+307≈"学生会出现如下多种估法：

① $294+307 \approx 300+300 = 600$
② $294+307 \approx 290+310 = 600$
③ $294+307 \approx 290+300 = 590$
④ $294+307 \approx 300+310 = 610$
⑤ $294+307 \approx 294+300 = 594$
⑥ $294+307 \approx 300+307 = 607$

以上估算方法不尽相同，有的是一数估，有的两数估；有的是估大了,有的是估小了;有的估到百位,有的估到十位;所以出现了多样的估算结果,这时要引导学生发现这些结果都在600左右,最小不小于590,最大不超过610。

(3)关注解决问题的合理性。

若将上题"估算294+307"改编成"解决问题"的形式。

题型一:妈妈带了700元钱去买下面两件商品:电饭煲307元/个,电风扇294元/台。请你估一估,妈妈带的钱够用吗?为了保证带的钱够用,要往大里估,估成294+307≈300+310=610。

题型二:550位同学到影剧院观看影片,影剧院一楼有294个座位,二楼有307个座位。请你估一估,够不够坐?此时需要保守估计,就得往小里估,估成294+307≈290+300=590。

两个题型估算的结果虽然不同,但都合理、有效地解决了实际问题,都是很好的估算。

第12讲：不要让"创造规律"变成戴着镣铐的思维舞蹈

一年级下册《找规律》一课，有道"做一做"的题目，要求学生将摆成一行的10朵花按自己喜欢的规律涂色。

大部分孩子都按两种颜色（比如"红、蓝"）为一个循环组的规律来涂色，也有孩子出现按"红、红、蓝"为一个循环组的规律来涂色。

面对孩子的"创新"涂法，教师是该鼓励还是纠正呢？

课后，两种观点产生了冲突，一部分老师认为这个孩子已经认识到了规律的本质，应该予以肯定和鼓励。但也有老师从另一个视角提出：如果是无限个图形的排列规律，"循环组"重复出现三次以后可以不截至完整的"循环组"，因为省略部分的规律是清楚的。但是他们认为像本题这样指定在10个图形中表示规律，那么"有限个图形重复排列的规律一定要刚好呈现完'循环组'为止才有规律，否则就谈不上规律"。也就是说，本题如果只有9个图形，涂成"红、红、蓝；红、红、蓝；红、红、蓝"，是符合以"红、红、蓝"为"循环组"的重复排列规律，但再出现一个涂成红色的图形就没有规律了。

  我认为后者理解似乎有些教条且狭隘。首先，教材的编写意在检测学生学完新课后对简单规律的理解和运用。孩子按"红、红、蓝"的"循环组"涂完前面九个图形后，第十个图形依然能按照"循环组"的排列顺序，涂成"循环组"中第一个图形的颜色——红色，表明他已经完全理解新知，并能够灵活地运用，那么教学目标已经达成。

  其次，从学生的认知心理而言，一年级学生的思维习惯是先想一个"循环组"，然后按照这个"循环组"的规律来依次涂色，他们不会去关注自己创造的"循环组"的个数与题目中所给的图形总个数之间是否存在整除关系，而且这也超出了一年级学生的数学认知水平。我们不能生硬地把创造规律偷换为考查孩子的分解因数能力。这组图形如果一共有九个，我们也不必强求孩子只能将三个作为一个"循环组"来填涂，如果孩子在涂色时，按照"红、蓝；红、蓝；红、蓝；红、蓝；红"的规律来填涂，虽然最后一个图形是下一组排列的第一个，并没有完整呈现该组规律，也不妨碍整组图案是有规律的排列。

按自己喜欢的规律涂色。

  另外，就评价的价值取向而言，重在关注学生的发展。显人教版2011年课标版教材设置本道习题，意在考查学生的理解规律本质，开放学生思维，鼓励创新思考。在一年级学生的心中，眼前这个有限个数的规律序列，其实可以延伸成一个照此规律不断排列下去的无限循环序列。让他们通过对"有限"的探索和发现来感知和思考"无限"，难道不比机械地谈一些对错更具教育意义吗？

  所以，当学生出现不是刚好涂完"循环组"倍数个图形的做法时，教师不应去钻"牛角尖"，质疑其是否符合规律要求；而应该顺势而导追问：如果再来一朵会是什么颜色？再来一朵呢？既让学生充分展示他的"自创"规律的思维过程，又进一步强化了其他同学对核心知识——"循环组"的本质理解。

正如著名数学家张奠宙所言，我们要关注"找规律"教学的本质，上出其应有的"开放性"和"创新性"，而不该因为苛求所谓的"严谨"，让孩子的思维戴着"狭隘"的镣铐艰难起舞。

第 13 讲：强化应用意识，提升财商素养

"一年期存 5 次"和"存五年期"只是年利率的差别吗？计划存六年的储蓄存款方案中"一年期存 6 次""三年期存 2 次"和"五年期加一年期"是如何计算的？哪种方案六年后收益最大？

解答：有人误以为"一年期存 5 次"和"存五年期"只是年利率不同而已，实际上利息的计算方法不同，这里涉及"单利"和"复利"概念。

单利就是利不生利，即本金固定，到期后一次性结算利息，而本金所产生的利息不再计算利息。复利其实就是利滚利，即把上一期的本金和利息作为下一期的本金来计算利息。比如我有 2 万元，要存五年。按下图所示存款利率计算，存五年期的利息（即单利）：$2×4.75\%×5=0.475$（万元）；如果存一年期的，每年到期后连本带利取出再存入，或利用银行的"到期自动转存"功能（这种计息方式即复利），其利息为：$2×(1+3\%)×(1+3\%)×(1+3\%)×(1+3\%)×(1+3\%)-2≈0.3185$（万元）。所以如果"一年期存 5 次"按 $2×3\%×5=0.3$（万元）计算利息，就混淆了单利和复利的概念，少算了 185 元，如果本金以"亿元"或者"年限为五十年或更长时间"，其差异就非常可观。

> **活动2**
> 李阿姨准备给儿子存2万元，供他六年后上大学，银行给李阿姨提供了三种类型的理财方式：普通储蓄存款、教育储蓄存款和购买国债。
> （1）普通储蓄存款利率（2012年7月6日）如下：
>
> | | 存期 | 年利率/% | | 存期 | 年利率/% |
> |---|---|---|---|---|---|
> | 整存整取 | 三个月 | 2.60 | 零存整取 存本取息 零整取 | 一年 | 2.85 |
> | | 六个月 | 2.80 | | 三年 | 2.90 |
> | | 一年 | 3.00 | | 五年 | 3.00 |
> | | 二年 | 3.75 | | | |
> | | 三年 | 4.25 | | | |
> | | 五年 | 4.75 | 活期利率 | | 0.35 |
>
> （2）教育储蓄存款的存期分为一年、三年和六年，国债有一年期、三年期和五年期等；请你先调查一下教育储蓄存款和国债的利率，然后帮李阿姨设计一个合理的存款方案，使六年后的收益最大。

算法比较。以三种存期六年的储蓄存款方案，来说明"单利"和"复利"的区别。

方案一："一年期存6次"。

$$2\times(1+3\%\times1)\times(1+3\%\times1)\times(1+3\%\times1)$$
$$\times(1+3\%\times1)\times(1+3\%\times1)\times(1+3\%\times1)-2$$
$$\approx 0.388105 \text{（万元）}$$

方案二："三年期存2次"。

$$2\times(1+4.25\%\times3)\times(1+4.25\%\times3)-2$$
$$=0.5425125\text{（万元）}$$

方案三："五年期+一年期"。

$$2\times(1+4.75\%\times5)\times(1+3\%\times1)-2$$
$$=0.542925\text{（万元）}$$

可见，上述三种方案中"五年期+一年期"的收益最大。

教学建议：

1. 课外"功课"不可忽视。

"生活与百分数"是人教版教材在《百分数（二）》这一单元末安排的"综合与实践"活动，意在让学生进一步了解百分数在生活中的实际运用，提高数学应用意识和实践能力。联系生活应用的数学才是重点，课前调查和课后实践不能流于形式，要让学生真正展开调查活动，了解银行最新利率以及利率调整背景等相关的金融知识，真实感受百分数在生活中的价值，培养学生的财商意识。

2. 问题解决关注说理。

"生活与百分数"设置活动2的目的在于通过解决一个"六年理财合理方案"的实际问题，引导学生通过各种理财方式的比较，设计合理的存款方案，要开放学生的思维，让学生知道每种方案各有利弊，实际生活中投资理财不仅仅关注利率高低，还要考虑资金使用灵活等多方面因素（如存款定期时间未到取现，则利率按活期计算）。所以教学时不能只停留在利息利率的计算层面，更重要的是要培养学生因需决策的权衡选择和表达说理能力，让学生真正在实际应用数学的实践活动中学会科学理财，提高实践能力。

3. 财商教育从小抓起。

《百分数（二）》这一单元的教学内容有折扣、成数、税率、利率等与生活息息相关的数学知识，最后设置"生活与百分数"的目的更是意在让学生关注数学与生活的密切联系，学会数学知识的实际应用。所以教学时不仅要关注学生是否学会正确计算存款利率、利息，还要重视培养学生对储蓄过程的体验，学会合理规划设计理财方案，更重要的是渗透正确的金钱观、健康的价值观，培养孩子的财商素养，为他们今后追求人生幸福点亮一盏"心灯"。

● 规范内寻理

把握"三性"谈规范,树立科学数学观

由于人们的认识差异、教材的版本不同以及社会发展和时代变迁等多种因素,造成某些数学规范界定模糊、规范不一,甚至标准迥异,这就给数学教学和评价带来了一些不必要的麻烦。为澄清事实、消除分歧,以求形成标准或达成共识,我参阅、考证了大量的有关资料,从必要性、合理性和优选性三个方面谈谈自己对这些关于数学规范疑义的浅见陋识。

一、追根溯源,正确认识规范的必要性

基于数学内容的多样性和表达形式的简洁性考虑,数学规范必须是针对数学中根本性、原则性的内容,而无须纠缠于那些无关紧要的细枝末节。因此首先必须追根溯源,从根本上来判断这些内容是否具有规范的必要性。

(一)模棱两可的关键标准必须规范

1. 属教材滞后或疏漏的,必须与时俱进予以修正。

题例1:百分数利率一课中,根据实际情况,现在银行利息已经不收税了,是继续按原来内容进行教学,还是与时俱进将教材修改成不收利息税?

简析:百分数在日常生活中应用非常广泛。银行利率会随着社会经济发展的状况而调整,目前我国已暂免征收储蓄存款利息税。而作为教科书受客观条件影响不可能随时随着国家的利率、税率的调整而修订。对于这种教材与现实不相符的现象,教师要灵活处理,可使用书上的内容学习理解利率的相关概念及算法,然后再做补充说明;也可以创造性使用教材,及时更新储蓄政策,使学生不因教材相对滞后而觉得数学不切实际。

2. 属人为误解或滥用的，必须正本清源予以明确。

题例2：数学中"以内、以外和以上"如何界定？

简析：实际上汉语中"以内""以外"和"以上"表义非常明确，"N以内"包括"N"在内，"N以外"不包括"N"在内，"N以上"也包括"N"在内。宁夏大学王明仁教授的《"以内""以外"的理解和使用问题》中，"以上"表示品第、数量、级别、位置等在某一点之上，如10以上应该包括10。但为了避免产生歧义，最好注明范围，如10以上（包括10）。以外：它是表示在一定的范围、处所、时间、数量的界限之外，10以外是不包括10的。"以内"指在一定的数量、时间、处所、范围的界限之内，"十天以内"包括十天在内，"20以内的数"就包括20。"以内、以外和以上"虽本意明确，但因现在人为误用、滥用而变得混乱，命题时最好要做补充说明，使其无歧义。

（二）无关紧要的细枝末节无须规范

1. 以后有必要，目前没必要。

题例3：对称轴是画实线、虚线还是点画线？

简析：我认为小学阶段画对称轴只要求画虚线。因为对称轴这条线不是原图形中真实存在的线，而是我们为了研究图形的对称性而人为添画出来的。既然是人为添画出来的，所以就必须画成虚线。并且这条虚线的两端要超出原图形，以便与图形中的其他线段区分开来。但对于用什么样的虚线来表示它，各版本教材要求不一。人教版和北师大版都只要求用一般虚线表示，苏教版却要求用点划线表示——如此有助于同图形中的其他虚线（比如高）区别开来。但在小学阶段只要求了解几何图形的对称性，并能根据轴对称的特点利用对称轴作为参照画出轴对称图形的另一半，任务单一，无须与图形中的其他虚线加以区别，因此没有必要特别要求用"一点一画一点一画"这样点画相间的虚线即点画线来标注，增加学生不必要的操作困难。

2. 统一有必要，死抠没必要。

题例4：时分之间的间隔符到底是"︰"（居下角同冒号）还是"："（居中间同比号）？

31

简析：关于国家印刷的计量标准规定，时间间隔符号是偏向于数字下方的，不是比号偏向于中间的。但由于受电子表显示形式的影响（电子显示的间隔符都是居中的），还有与打字输入时中/英文标点状态有关，英文标点状态下输入的冒号":"与比号"："更接近，而且手写时较难准确把握二者的区别，所以日常生活中没有严格规范，往往出现混用形式，甚至在教材编写时也没有统一，出现混用现象。所以我认为作为教材必须首先做到规范，统一写法。教学时应该告诉学生间隔符要写在时与分中间偏下位置，平时没有必要在学生手写作业中去抠这个细节。

总之，我们在研讨有关规范的数学疑义内容时，首先要正确认识规范的必要性，如果不是关系到原则或本质的问题（即没有规范也不妨碍大家的学习、交流和运用的数学内容），无须再画蛇添足去进行规范。反之，不规范就会有歧义、有疑义，会妨碍大家的学习、交流和运用的数学内容，就必须以科学的态度去研究、去界定，使之形成正确、统一的规范，牢固树立务实求真的数学观。

二、揆情度理，正确认识规范的合理性

数学中的规范不但要因需而生，而且还必须合情合理。不能朝令夕改，自相矛盾，更不能指鹿为马，不切实际。要正确认识数学中所制定的规范的合理性，看它是否满足存在性、唯一性、相容性和不循环性等要点。

（一）规范要做到有"法"可依

辨析一个数学规范是否合理，首先要看它是否能以明确、权威或大家公认的标准为依据，做到有章可循、有"法"可依，真正体现数学规范在整个数学学科逻辑体系中的一致性和延续性。

1. 计量单位的使用要参照法定标准。

题例5：是否一定要用"时"表示时刻、用"小时"表示经过的时间？

从一个时刻到另一个时刻所经过的时间，一般用"几小时"来表示，教学用书中又出现用"时"表示也可以。

简析：这是生活语言和数学语言的差异所造成的。生活中大家往往用

"时"表示"时刻"、用"小时"表示经过的时间。而数学规范上,"时"与"小时"当作单位名称时,一定要写"时",它是一个汉字符号,与千克和克一样,代表一种符号。但在叙述时可以说成"小时"。比如"1时＝60分"中,就只能写"时"。《常用法定计量单位名称与符号简表》中,只有"时"才是小时的计量单位名称。

2. 计算公式的格式要反映特定内涵。

题例6：在求百分率的时候为什么要乘100%？

简析：求百分率都有一个特定格式的公式,有特定的内涵。百分率的结果必定为百分数,如果公式写成"达标率＝达标学生人数/学生总人数"则其结果只是分数形式,而不是百分数。如果在"达标率＝达标学生人数/学生总人数"的后面添上"×100%"（相当于×1）,就可以使其结果既保持数值不变,又得到百分数的形式。这种简洁明了的特定格式既能表示一种运算过程又能表示一个运算结果。

(二) 规范要做到合"理"而行

辨析一个数学规范是否合理,要看它是否符合数学逻辑和生活实际,做到不仅有章可循,依"法"、合"法",而且实事求是、合情合理,真正体现数学的逻辑严密性和生活适用性。

1. 理法上要经得起逻辑推敲。

题例7：列式计算"经过时间",是9:30—7:20还是9时30分—7时20分？时刻与时刻能相加、减吗？

简析：列式计算"经过时间",不能写成9:30—7:20＝（ ）的形式。因为9:30和7:20表示的是时刻即一个时间点,点与点无法相加减,"经过时间"应该表示两段时间（即两个时长）之差,9时30分和7时20分既可以表示时刻又可以表示时长。因此,经过的时间可以列式为：9时30分—7时20分＝2时10分,如果起点时刻在上午,终点时刻在下午的可以转化成24时计时法再相减。

三、取精用宏，正确认识规范的优选性

作为规范不但要具备必要性、合理性,还要符合优选原则,即"二者都好用的情况下,规定还是用简洁、优化的"。数学中的规范同样如此,因为"简洁、优化"本来就是数学美的重要内涵。所以在考量有关数学规范的疑义内容时，还需秉持"弃繁求简，好中选优"的原则。

（一）形式上应弃繁求简

英国著名数学家阿蒂亚说"研究数学的目的，就是用简单而基本的词汇去尽可能多地解释世界"。作为数学规范首先要符合数学的简洁性原则，用最简洁的形式去表达所规范的丰富内涵，做到能简不繁，弃繁求简。

题例9：时间读法如3:08该读成3时零8分还是3时8分？

简析：时间的数字写法是根据电子显示的需要，1时＝60分。因为分所显示的数字最多是两位数，不足两位的用0占位，所以3时8分要写成3:08。而3:08自然只要读成3时8分，不读出这个0并不会产生歧义。虽然对此各种版本的教材处理方法不同，人教版、西师版等版本选择不读，苏教版、北师大版、青岛版等选择读，而我认为在可读可不读的情况下选择不读，这样处理既符合数学知识生活化理念，又体现了数学规范的简洁性原则。

（二）内容上要好中选优

"横看成岭侧成峰"，同一问题，不同的人从不同的角度就会有不同的看法。这就需要我们进行认真分析对比，选择其中最佳或最适合的观点作为标准，以求在规范内容上力求做到异中求同，好中选优。

题例10：二上"角的认识"中应该指导学生用什么样的指法指认"角"会更有教学价值？

简析：二上"角的认识"中指导学生指认"角"时是依次指出角的顶点、两条边和角的开口。因为角虽然是一个抽象的概念，但它在生活中的原型却处处可见，这就产生了为方便交流而约定的指角需要，根据具体语境不同、表达方式不同，指一个角的方法也多种多样，主要有如下几种：

（1）指角的顶点。常用于指只有一个角，无歧义的情况下的大致指法；

（2）指角的开口。常用于指多个角中的一角，或强调角的动态定义；

（3）从角的一边出发，转弯指角的两边。指法和角的符号画法一致；

（4）从角的顶点出发，先后指角的两边。指法与角的静态定义一致；

（5）依次指出角的顶点，两条边和角的开口。综合（1）、（2）、（4）种指法。

对于二年级学生来讲，这个学段只要求学生初步认识角，通过直观动作思维来理解角的概念，使之从"动手思维"向形象思维过渡，为将来进一步抽象出角的定义奠定基础。从这个意义来讲，第五种指角方法能直观、综合反映出角的静态定义和动态定义的本质特征，赋角的指法予形式化的定义，这样既体现了角的两个基本要素"一个顶点"和"两条边"，又凸显了角的一个关键特性"角的两边叉开的大小"即角的大小，采用这种指法更具有实际的教学价值。

第14讲：要0不要0，不写行不行

——把握问题本质，立足学生发展

今日观点：透过竖式规范性书写格式看算理直观与算法抽象的和谐智慧。

问题：92÷30的竖式计算过程中30×3=90这个积能不能如右面竖式那样省略个位上的0，只在十位写9？

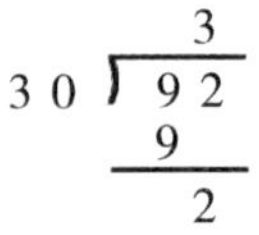

答：对于竖式主要存在两种观点，一种观点认为竖式只不过是口算笔记的过程性记录而已，从个人习惯而言，只要你自己看得懂、算得对，并不拘泥于形式。譬如多位数乘法竖式中过程积末尾的0就可以省略，所以上述竖式中只要记住这个9是90，要写在十位上，并不影响最终的积。另一种观点认为竖式计算是一种约定俗成的规范性写法，其特定格式背后反映出的是算理的一致性和算法的直观性，因此不仅可以用来记录自己的笔算过程，还可以进行计算过程的展示交流。问题中的随意省略，会带来理解的困难，导致算法的混乱。我查阅了人教版、苏教版、北师大版教材，发现这几个版本的教材中除法竖式里一律都规范地写成90，没有出现上述省略末尾0的形式。所以我认为虽然计算教学的重点是引导学生理解算理、掌握算法，从而提升他们的运算能力，不必过分拘泥于竖式的书写格式，但是从学生的结构化学习和长远发展来看，这里的0不宜省略，理由有二。首先，从算理而言，这里的0不宜省略。

如图1竖式中红色方框中的90表示减去3个30，既可以简单地看成局部口算3×30=90，也可以从整体来看，结合位值制理解为3个百（300）×30=90个百（9000）。如果把0省略，无论是从局部看3×30=9，（301）还是从

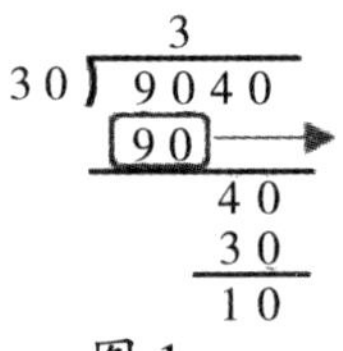

图1

整体看3个百（300）×30=9个千（9000）都无法很好地体现算理的可视化和一致性。

其次，从算法来看，这里的0也不宜省略。除到哪一位就在那一位上面写商，要减去的分步口算的积的末位也是与这一位对齐。这样一来，计算和书写规则规范统一，学生理解起来简单明了，就不必费尽心思去强记：已经算到哪一位、这个数字实际代表多少？这种记法符合使用竖式的初心——利用竖式的位值制原则和形式直观将所有多位数除法分解成可以直接口算的表内除法。而像图2竖式中的写法，省略了一个0，而这个0是在计算过程中自然得出的，舍去是人为放弃。这样不但无法达到简便的目的，反而丧失了除法竖式算法直观的优越性。

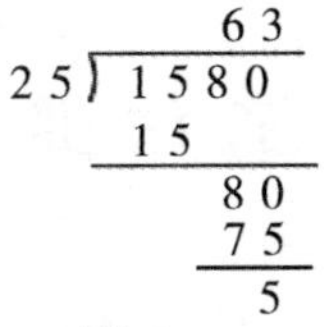

图2

至于多位数乘法竖式中过程积末尾的0的省略，（如图3乘法竖式中方框里的0就可以省略，省略后依然表示140，不影响最终的乘积。

实际上有别于上述问题中的"省略"是合理可行的，就算理而言，乘数的哪个数位上的数与被乘数相乘所得的积即表示几个这样的计数单位，因此从低位往高位计算，所得的过程积也是按几个一、几个十、几个百……有规律地顺次排列。就算法而言，此处的0非口算时自然产生，属于根据算理再添补上去的，也就是说我们在算法上只要记住乘数的哪个数位上的数与被乘数相乘得到的积的末位就与这个数位对齐即可（如图3中箭头所示），这样就将多位数乘法分解成表内乘法，达到化繁为简的目的。

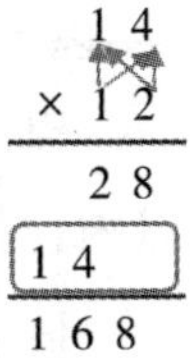

图3

第15讲：数学中"以内、以外和以上、以下"如何界定

20以内的数含不含20？以外、以上、以下呢？我查阅了相关资料，发现现实生活中这些词语用得有点乱。比如，"以上"和"以下"，有的观点认为都包含本数，有的观点认为都不含本数，还有的观点认为以上包含本数，以下不含本数。

实际上汉语中"以内""以外"和"以上""以下"的表意非常明确，"N以内"包括"N"在内，"N以外"不包括"N"在内，而"N以上""N以下"都包括"N"在内（这里的N表示数量）。

以内：表示在一定的数量、时间、处所、范围的界限之内。如10天以内包括10天在内；20以内数的认识就包括20。

以外：表示在一定的数量、时间、处所、范围的界限之外。如10以外是不包括10的。

以上：表示品第、数量、级别、位置等在某一点之上；表示数量时，包含基准点。如10以上就是大于等于10，即包括10。

以下：表示位置、品第、级别、数量等在某一点之下；表示数量时，包含基准点。如10以下就是小于等于10，即包括10。

古语溯源：

1. 太祖之禁私茶也，自三月至九月，月遣行人四员，巡视河州、临洮、碉门、黎、雅。半年以内，遣二十四员，往来旁午。（明史·食货志四）

原文计算得非常清楚，每月"遣行人四员"，"半年"六个月正好"遣二十四员"，"半年以内"明显地包括"半年"在内。

2. 月北在上，月纬南为在下。若两纬度相同，减尽无余，为月掩星，

凡相距在一度以内者用；过一度外者，为纬大，不用，即不必算。（清史稿·时宪志九）

"过一度"为"外"，不过"一度"为"以内"，"一度以内"包括"一度"在内。

3. 自来潮水入茅山、盐桥二河，只淤填十里，自十里以外，不曾开淘，此已然之明効也。（苏轼《申三省起请开湖六条状》）

原文表达得很清楚，"自十里以外"不包括已经"淤填"的"十里"在内。

4. 德国夹板在中国口岸停泊十四日以外者，则自第十五日起，即于应交正数船钞减半，先行试办。（清史稿·邦交志五）

原文"十四日以外"不包括"十四日"在内，所以只能"自第十五日起"了。

综上所述，古汉语虽然用例不多，但是表义却非常明确，"N以内"包括"N"在内，"N以外"不包括"N"在内。

国际惯例：实际上很多规定的背后隐藏着朴素的道理，所以成为国际惯例。比如，从国际惯例的一些规则来看，国际排球网球比赛中，球压线算界内。乒乓球比赛中，擦边球不算出界。篮球足球比赛中，界外发球，踩线算犯规。由此可见，实际上用来限定某一空间范围的界线，是这一范围的组成部分，就如城墙是整个城的组成部分，边线也是整个球场的组成部分，是应该包括在内的。以外就是指连边线都没碰到，自然不包括边线在内。

法律规定：法律用语是反复讨论、反复审订以后再颁布的，所以这些法律规定对上述语义的界定应该是很权威的。

★《中华人民共和国宪法》：如果遇到不能进行选举的非常情况，由全国人民代表大会常务委员会以全体组成人员的三分之二以上的多数通过，可以推迟选举，延长本届全国人民代表大会的任期。

（这条规定中的"三分之二以上"明显是包含三分之二的）

★《民法通则》第155条与期间计算有关的术语：第一百五十五条【与期间计算有关的术语】民法所称的"以上""以下""以内""届满"，

包括本数；所称的"不满""以外"，不包括本数。

★中华人民共和国刑法（2022年最新版）：第九十九条【以上、以下、以内之界定】本法所称以上、以下、以内，包括本数。

"以内、以外和以上、以下"虽本意明确，但因现在人为误用、滥用而变得混乱，很多公文或重要文件为避免产生纠纷，主动加上注释明确含不含本数。所以在教育或权威部门未重新勘矫、规范之前，我们教学与命题时最好要做补充说明，使其无歧义。

【参考文献】

（1）宁夏大学王明仁教授的《"以内""以外"的理解和使用问题》；

（2）福建师范大学李斗石教授的《中日关于"以上"和"以下"等概念的界定》

第16讲："从9:30到11:45，经过了多长时间"你会怎样列式解答

前段时间收到好几个老师留言，问的是同一类问题，觉得比较典型，特将问题及思考分享如下——

问题："从9:30到11:45，经过了多长时间？"解决这样的问题可以列式为11:45-9:30=2:15吗？为什么？

答：从学生的视角来看，学习经验可以顺迁，度量长度可以用结束刻度（如7厘米）减去起始刻度（如3厘米）得到其中长度，度量温度、角度等亦然，推得度量"经过时间"也可以用结束时刻减去起始时刻得到。

其实这里存在概念的切换，因为数的意义具有双重性，一个数既具有序数意义表示第几，又具有基数意义表示大小，比如这里的"3厘米"和"7厘米"既可以表示序数意义的"点"（起始刻度和结束刻度）也可以表示基数意义的"段"（长度），但是这时算式"7厘米-3厘米=4厘米"中的7厘米、3厘米、4厘米实际上表示的都是"段"（长度），而不是"点"。那么9:30和9时30分哪一个只能表示"点"，哪一个可以表示"段"呢？

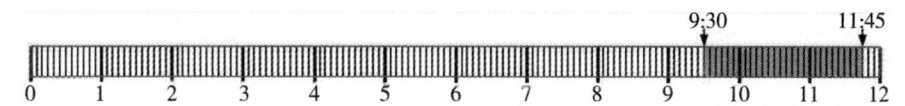

从概念的本质而言，题中的9:30无疑是时刻，时刻是一个状态量，指某一瞬间，是一段时间中的一个点，不可计量。而9时30分可以表示某一个时刻，同9:30；也可以表示一个时间段，是一个过程量，即9小时30

41

分钟，可计量。从算理来说原则上"时间（时长）-时间（时长）= 时间（时长）"，所以规范的写法应该是：11时45分-9时30分=2时15分，或者不以运算形式出现，写成：9:30 $\xrightarrow{2时15分}$ 11:45，今后还可以化成以"小时"为单位列为：11.75-9.5=2.25（小时），这种用数的运算或数量的运算的列式更符合算理。

综上所述，从教学的角度来看，小学阶段可允许学生用自己喜欢的方法，多样化计算经过时间，沟通多种方法之间的内在联系——其本质都是计算包含有几个这样的度量单位。若学生用"11:45-9:30=2:15"的横式或竖式时，不要全盘否定，可以在肯定思路（将每个时刻默认为以0:00为起点到该时刻的时长）的同时，阐释算理、明晰差异、引导规范。这样既能养成学生严谨的数学习惯，又不会因过分的苛求严谨而扼杀孩子的数学思维和兴趣。

第17讲："1200008000"读作十二亿八千还是十二亿零八千

像12 0000 8000这样一个含有个级、万级和亿级，其中万级各位数字都是0的数，万级上的这些0要不要读？怎么读？有人认为要简洁地读作十二亿八千，也有人认为要明确地读成十二亿零八千。其实从数理上说两种读法都可以，但从符合日常生活习惯的角度来说，我们认为这种情况下要读出一个零为好。

一、读法必须简洁明了，"明了"为先

因为制定读数法则无非是既要简洁又无歧义。按照我国的习惯，读数采用四位分级，读含有三级的数（亿级、万级、个级），要从高位开始一级一级往下读，先读亿级，再读万级，最后读个级。读数时还有一条重要的法则是：每一级末尾的"0"不读，其他数位上连续的"0"不管有几个，都只读一个零。例如1002必须读作一千零二，表示千位和个位之间是非连续的，只不过中间都是0，而不能读成一千二，与日常口语1200的读法相混淆。同样12 0000 8000的12亿和8000之间也是非连续的，中间还隔着万级，虽然万级上都是"0"，至少读出一个零，避免了与12 8000 0000相混淆。

北师大版四年级上册中有一题，要求学生把数按从小到大的顺序连接起来。其中就出现"一亿四千万"和"一亿零四千"的读法，说明编者也倾向于读出一个零，避免非本质因素干扰。

二、简洁只是一种选择，非关"本质"

读数的目的是为了交流，而交流的关键是要让人"明了"。当然在明了的基础上尽量能做到简洁，但简洁只是一种选择，而非关"本质"。正

43

如史宁中教授所言，你可以从高位到低位，每个数位都把它读出来，比如像 12 0000 8000，只要你不嫌麻烦可以读作：一十亿二亿零千万零百万零十万零万八千零百零十零个，同样 1002 可以读作一千零百零十二个，也可以根据规则简洁地读成一千零二。也就是说如果这个数万级的0读或不读，都不会引起歧义，那么读和不读都是可以的。

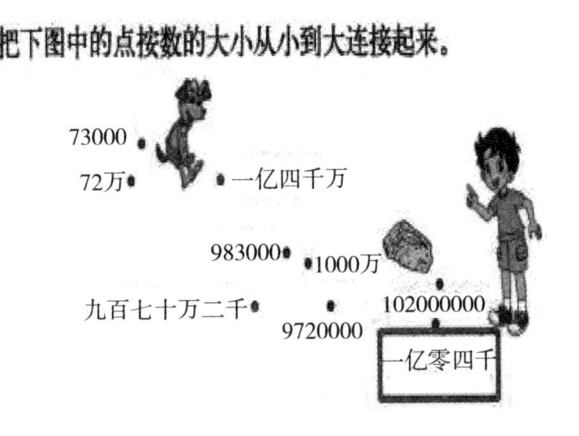

5．把下图中的点按数的大小从小到大连接起来。

73000
72万
一亿四千万
983000
1000万
九百七十万二千
102000000
9720000
一亿零四千

三、教学重在抓大放小，着眼能力

纵观各大版本教材，除了北师大版在习题编排中涉及一次，其他版本都巧妙地回避了这种"特殊数"读写。一是这种数特殊，其读法歧义只发生在含有三级的大数，万级各位数字都是0且个级开头不是0。因为每级末尾不管有几个0，都不读出来。其他数位上有一个0或连续几个0，都只读出一个0。也就是说像1200000080这样的数，中间不管连续出现几个0，都只读出一个0，没有疑义。二是现实生活中极少会遇到这样的数，因为万级都是0，个级的数（8000）相对于亿级的数（12亿）来说完全可以忽略不计。数学教学的关键在于引导学生关注数学的本质，着眼学生的能力发展，重在让学生经历自主探索大数的读、写法的过程，发现亿级数、万级数与个级数的读写法在本质上的相通之处，感受知识的普遍联系，学会整体把握知识，提升迁移学习能力。

第18讲：确定位置，是用较小夹角描述好，
还是以南北为基准描述更好

用方向和距离确定位置，有的教材提倡用较小夹角来描述，有的教材提倡以南北为基准来描述。到底哪种方法好呢，为什么？

我认为两种描述方式都可以，都是渗透极坐标思想，让学生体会"只要确定了方向和距离，就能在平面内刻画出点的位置"，区别在于编者的出发点不同。

人教版小学数学教材之所以持"较小夹角说"，就是以与物体所在方向离得较近的方位来描述，我认为主要是从人们的日常生活习惯以及小学生的认知特点出发——先确定面（这个模糊区域）再确定线（这个具体方向），最后确定点（的准确位置）。所以人教版在《教师教学用书》的编写意图中强调："东偏南30°"与"南偏东60°"含义完全相同，只是生活中更习惯于选择小于45°的角度来描述。

而人教版七年级下册数学教材（还有北师大版等其他版本小学数学教材）所持的却是"南北主轴说"，也就是以正北、正南为基准来描述物体运动的方向。我认为这主要是立足于从生产、生活实际相联系的专业角度而言，因为地球磁场是近南北方向，而测定方向也常用指南针等，所以一般以正北、正南为基准来描述物体运动的方向。若方向线与东、南、西、北四个方向相同，则依次称为正东、正南、正西、正北；若方向线在上述方向以外的其他位置，则以正北、正南方向为基准，通过观察方向线与南北方向所成的锐角的大小来确定方向。方位角的取值范围可以在0°到90°，表示为"北偏东n°""北偏西n°"或"南偏东n°""南偏西n°"。

从中小衔接以及与生产、生活实际相联系的角度来说，以南北为基准

来描述（即"南北主轴说"）显得更规范、有序，便于交流，在实际的航行、测绘等工作中应用更广泛。

那么"一点钟方向"与"北偏东30度方向"有实质性区别吗？

我认为同样是确定方向，但有参照上的区别。一点钟方向是军事上所用的一种方向语言：以自己为中心画个表盘，其中正前方为12点钟，正后方为6点钟，正左方为9点钟，正右方为3点钟，类似于数学上的极坐标系。而一点钟方向则是表针指向1点钟，即右前方30度的方向。也就是说当你面对正北的时候，"一点钟方向"才是"北偏东30度方向"。

第19讲：如此"左右"让孩子如何左右

问题：如此"左右"让孩子如何左右？

有道习题引起了大家争议：教室里，如果晓东的位置用数对（3，5）表示，那么在他左边相邻的晓玲的位置，可以用什么数对表示。这道题主要分歧在参照点上，一方认为应该以晓东为参照点，所以他的左邻位置应该是数对（4，5）；另一方认为应该以观察者作为参照点，所以数对（3，5）的左邻位置应该是数对（2，5）。

答：首先，从现有教材的编写意图来看，本题的答案指向（2，5）更为合理。

（1）人教版一年级上册修订教材就已经对此做了明确的说明，针对原来实验教材中既有以图中人物为参照点，又有以观察者为参照点，造成"左、右"的学习难度太大的弊端，特别对这部分内容做了如下调整：一是图中人物尽量与观察者朝向一致；二是不涉及平面图中"人物"的对话，一律以观察者为参照点。这样就完全规避了"左右的相对性"造成的困扰。本题的描述中并无明确图中人物"晓东"的朝向与观察者是相向还是同向，所以以观察者为参照点，晓东和晓玲都是座位示意图中抽象的点，数对（3，5）左边的位置当然是数对（2，5）。

（2）从本单元的编写意图来看，教学目标主要在于理解用数对确定位置的必要性、简洁性、合理性和统一性，感受用数对确定位置的本质是数与点的一一对应。所以前提是要与直角坐标系一致，规定以观察者为参照点来描述，从左向右，从下（前）向上（后）。特别值得注意的是，本单元的教学重点是在平面图上学习用数对确定位置。因为在现实空间中用一对数确定位置，不一定遵从"从左向右、从下向上"原则，而是遵循"方便性"原则,靠近门口的为第一列,所以不宜过多地让学生在"现实空间"中学习用数对确定位置,以免现实与规定的不一致造成学习的"困难"。应及早引导学生抽象到平面图上来学习用数对确定位置。

  其次,从考查目的的指向来看,这不是一个好问题。因为学生不管是填(4,5)还是(2,5),其实都已经掌握了在平面上用数对确定位置的方法,只是对所要确定位置的题意理解上存在分歧,也就是说题目的实际指向已经偏离了所要考查的真正目的。这道题目在表述上显然不够严谨,"左右的相对性"的理解歧义客观存在,命题者应该以准确的表达和明晰的指向来真正实现评价的导向功能。

第20讲：图形的放大和缩小与图形的方向有关吗

问题：按下列要求进行操作。
1. 画出图形①按逆时针方向旋转90°后的图形。
2. 画出图形①按2∶1放大后的图形。

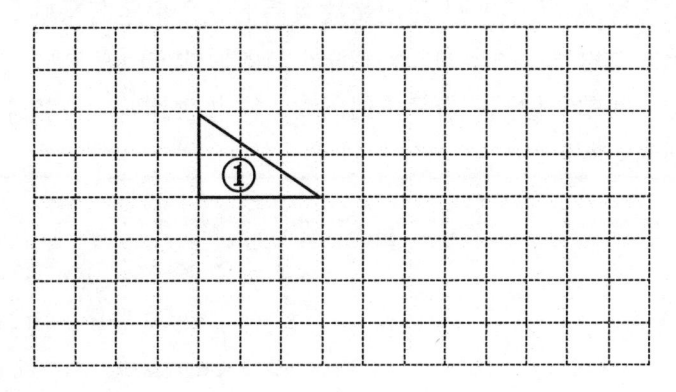

图 1

问题集中在第二个操作上，大部分学生答案（下称A同学答案）如图2所示。

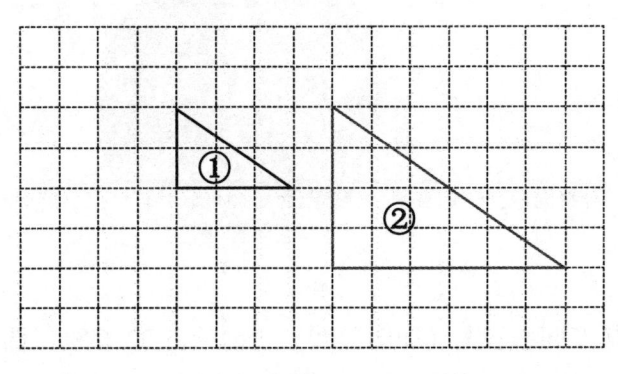

图 2

有位学生放大后与原图方向不一致（下称 B 同学答案），见图 3。

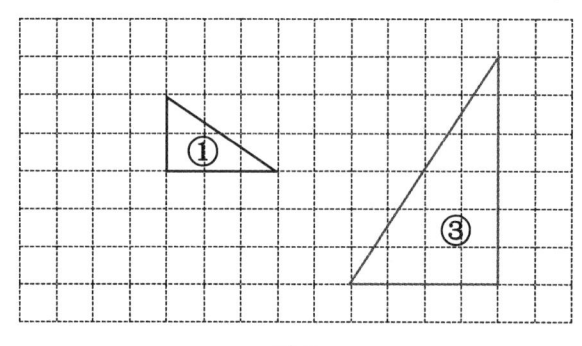

图 3

姑且不论他是错将图形①按逆时针方向旋转 90°后的图形进行放大，还是因为怕预留的画图空间不足而将放大后的三角形竖起来画。重要的是由此生发出来的思考：图形的放大和缩小与图形的方向有关吗？

针对这个问题我做了一份简单的问卷，一共收到 658 位教师的有效答卷，结果如图 4 所示。

选项	小计	比例
A 同学	215	32.67%
B 同学	8	1.22%
以上两种都同意	435	66.11%
本题有效填写人次	658	

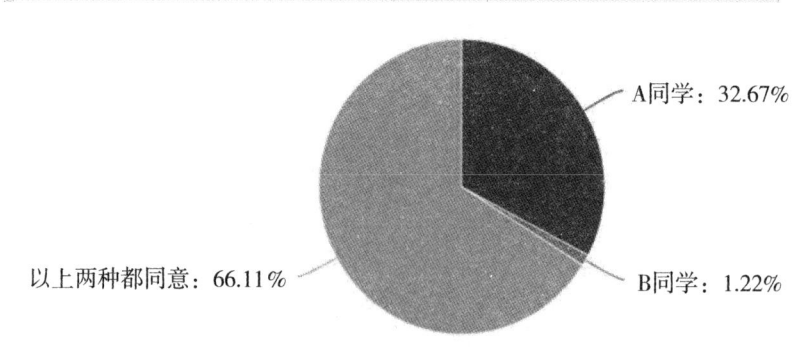

图 4

认为只有 A 同学答案（即图形②）正确的占 32.67%，认为只有 B 同学答案（即图形③）正确的占 1.22%，认为两种答案都可以的占 66.11%，通过查看选择只有 B 同学答案正确的理由，发现其实和选择只有 A 同学答案正确的理由一样，认为不能改变图形的方向，所以实际上只有以下两个观点。

第一种观点认为图形的放大和缩小与图形的方向有关，图形的放大和缩小是相似变换，图形的大小变了，形状不变，所以图 2 正确、图 3 是错误。这种观点占问卷总数的 33.89%。

另一种观点认为图形的放大和缩小与图形的方向无关，是相似变换，图形的大小变了，形状不变，但没说方向不变，所以图 2、图 3 都的。这种观点占问卷总数的 66.11%。

持第一种观点的老师高达 $\frac{1}{3}$，估计是受教材的权威影响，因为无论是教材的例题示范还是习题的答案解析，缩放前后图形的朝向都是一致的，这也成为持第一种观点的最有力证据。

其实，从概念的本质来分析我比较支持第二种观点：图形的放大和缩小与图形的方向无关，相似变换的本质是"图形的大小变了，形状不变"，与缩放后图形的朝向无关。也就是说，在一个图形中，只要连接任意两点 A、B 的线段与另一个图形中连接两个对应点 A'、B' 的线段之比总相等，那么这两个图形就是相似图形。图 3 和图 1 中的任意两条对应的线段之比都等于 2∶1，所以它们就是相似图形，符合题目的要求。

至于教材不展示变式，我认为是为了遵循学生的认知规律，初学时先以常规样本正向建立概念，这样学生容易通过对应比较发现概念的本质特征——缩放前后的两个图形的对应角相等，对应边之比也都相等。

再从知识前后联系的一致性来看，中学学习的相似图形只强调"图形的大小变了，形状不变"，与方向并无关系。如下图中的 △ABC 与 △ABD、△BCD 都是相似图形，显然与朝向无关。

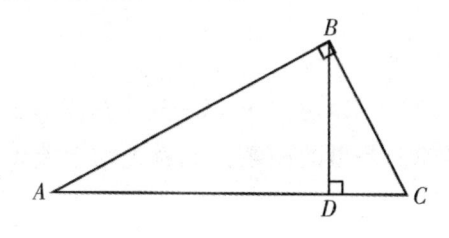

第21讲：小学运算律里有"减法的性质"和"除法的性质"吗

几大版本小学数学教材里都只有体现加法交换律、加法结合律、乘法交换律、乘法结合律和乘法分配律这5个运算律，虽然在例题或习题中都有渗透对a-b-c=a-（b+c）和a÷b÷c=a÷（b×c）这两条运算规律的探索，但是没有进行正式的概括和总结，那么小学运算律里有学习"减法的性质"和"除法的性质"吗？

小学数学教材里涉及的内容是"连减的性质"和"连除的性质"，因为"减法的性质"和"除法的性质"都有很多条。

1. 减法的性质

(1) 某数减去一个数，再加上同一个数，某数不变。

即（a-b）+b=a.

(2) 某数加上一个数，再减去同一个数，某数不变。

即（a+b）-b=a.

(3) n个数的和减去一个数，可以从任何一个加数里减去这个数（在能减的情况下），再同其余的加数相加。

如（a+b+c）-d=（a-d）+b+c.

(4) 一个数减去n个数的和，可以从这个数里依次减去和里的每个加数。

如 a-（b+c+d）=a-b-c-d.

(5) 一个数减去两个数的差，可以从这个数里减去差里的被减数（在能减的情况下），再加上差里的减数；或者先加上差里的减数，再减去差里的被减数。

即 a- (b-c) = a-b+c 或者 a- (b-c) = a+c-b.

2. 除法的性质

（1）除法的基本性质：一个数连续除以两个数，可以除以这两个数的积，也可以先除以第二个除数，再除以第一个除数。

即 a÷b÷c=a÷(b×c) = a÷c÷b.

（2）商不变性质：被除数和除数同时乘或除以相同的数（零除外），它们的商不变。

即 a÷b= (a×c)÷(b×c) = (a÷c)÷(b÷c)　　(c≠0).

（3）除法的运算性质：被除数扩大（缩小）n 倍，除数不变，商也相应地扩大（缩小）n 倍；除数扩大（缩小）n 倍，被除数不变，商相应的缩小（扩大）n 倍。

若 a÷b=c，则 $na÷b=nc$，$a÷nb=\dfrac{c}{n}$（b≠0，n≠0）.

教材上不出现"连减的性质"和"连除的性质"的名称和正式模型概括，是有综合考量的。一是意在让小学生关注运算律的本质，淡化算法技巧。不过多纠结于专业术语，防止出现僵化记诵和机械套模的教学现象。二是重视基于理解的学习。在结合实际问题解决中有机渗透，既能让学生基于运算意义理解运算律的本质内涵，同时体会解决问题策略的多样化，发展学生思维的灵活性。

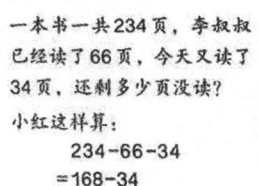

一本书一共234页，李叔叔已经读了66页，今天又读了34页，还剩多少页没读？

小红这样算：
234-66-34
=168-34
=134

小东这样算：
234-66-34
=234-34-66
=200-66
=134

小兵这样算：
234-66-34
=234-(66+34)
=234-100
=134

他们都是怎样计算的？你喜欢哪种方法？

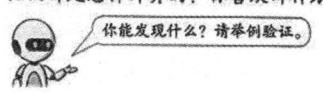

你能发现什么？请举例验证。

上图为人教版教材以读书为题材，讨论连续减去两个数的几种常用算法。即依次减去两个数，或者减去这两个数的和，或者先减去第二个数再减去第一个数。至于选择哪种算法更简便，要看具体的数据特点。从而引导学生合理选择算法，重视简便计算意识的培养。

三是关注数学知识的通性通法。从整体的视角来看，教材把"连减的性质"和"连除的性质"内容安排在加法运算律和乘法运算律的后面，突出了加减运算、乘除运算间的联系。随着数域的扩充，减法的性质、除法的性质都可以用加法运算律和乘法运算律来解释。

●常识处求真

如何理解小数乘小数的算理

——以 0.3×0.5 为例

很多教师教到小数乘法时总有些困惑：整数乘法的意义是计数一共有几个计数单位，比如 3×5 表示一共有（3×5）个 1，等于 15；30×5 表示一共有（3×5）个 10，即 15 个 10，等于 150；30×50 表示一共有（3×5）个（10×10），即 15 个 100，等于 1500。分数乘法也是如此，比如 $\frac{3}{10}×5$ 表示（3×5）个 $\frac{1}{10}$，等于 $\frac{15}{10}$；$\frac{3}{10}×\frac{5}{10}$ 表示（3×5）个（$\frac{1}{10}×\frac{1}{10}$），即 15 个 $\frac{1}{100}$，等于 $\frac{15}{100}$。可是"小数乘法"却出现前后算理不同的情况，比如计算 0.3×5 时，先将 0.3 看成 3 个 0.1 再乘 5，一共有（3×5）个 0.1，等于 1.5；而计算 0.3×0.5 时却变成：把两个小数都看成整数，再联系积的变化规律，确定最后的得数。把 0.3 看成 3，就是把 0.3 乘 10，把 0.5 看成 5，就是把 0.5 乘 10，两个乘数分别乘 10，所得的积应该等于原来积的 100 倍，原来积的 100 倍等于 15，所以原来积等于 15 除以 100 得 0.15。为什么"小数乘小数"的算理要独树一帜呢？人教版、苏教版、北师大版对该内容的处理相差无几。

从学生认知逻辑角度出发，积的变化规律可以作为小数乘小数的算理，从数学学科逻辑角度而言，分数乘分数更适合作为小数乘小数的算理。几大版本教材在编排时，可能想从有利于学生理解和掌握算法出发，淡化"计数有几个计数单位"的本质算理，另辟蹊径联系"积的变化规律"来降低难度,引导学生快速从算理走向算法。这种做法利在避开了说理的难点——为什么0.1×0.1=0.01?为什么此时的计数单位是0.01?弊在舍弃"小数乘小数"的本质算理,破坏了乘法算理一脉相承的整体一致性。所以我认为两条腿走路更稳妥,既要体现算理的整体一致性,又要联系"积的变化规律"理解算法,适当降低难度,多条回路,通过沟通它们的本质共性,更好地理解算理,掌握算法。

其实,要说清0.3×0.5的本质算理并不难,关键要先弄清两个问题:一是0.1×0.1从哪里来?二是为什么0.1×0.1=0.01?

我认为这两个困惑是由整数乘法教学时的简单化处理造成的。比如计算长5米、宽3米的长方形的面积,用3×5计算,表示的是一共有15个边长为1米的面积单位,即(3×5)×(1×1),前一个积是计数量,后一个积是计数单位,但教学整数乘法时往往被简单化表述成"有几个1"。

再如,为什么计算30×50可以转化成3×5来计算?如图1所示,原来30×50的计数单位是(1×1),结果有1500个1。转化成3×5时的计数单位是(10×10),即30×50里有15个100。虽然两种算法不同,但算理是一致的,可惜很多老师只注重算法:先口算出3×5=15,再看两个乘数的末尾一共有几个0就在积的末尾添上几个0。因此这种简便计算很多学生只懂得算法不懂得算理。

同理,要将0.3×0.5转化成3×5来计算,计数单位就要从原来的(1×1)缩小成(0.1×0.1)。如图2所示,将边长为1的正方形的边长10等分,即把单位"1"进行横向和纵向两次十等分,

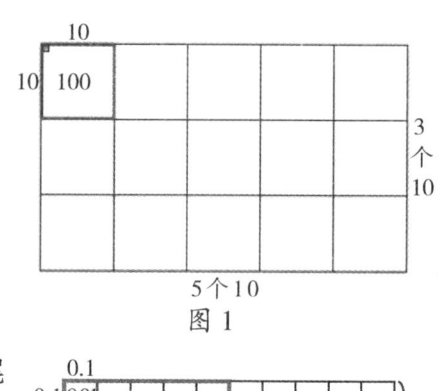

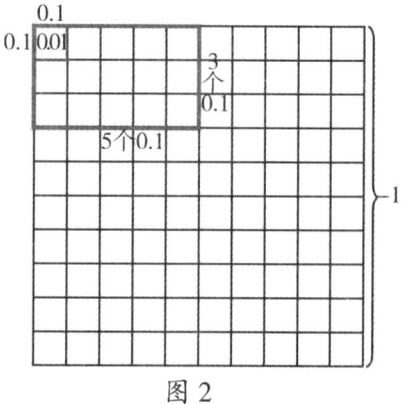

得到的新计数单位是原来计数单位的$\frac{1}{100}$，即0.01，所以0.3×0.5里一共有15个0.01。

从上述案例可以看出，不管是整十整百的整数乘法，还是小数乘法，都可以转化成整数乘法来计算，只是计数单位会发生相应的变化。其实，在不同的计数量和计数单位的转换过程中就应用到积的变化规律，不同算理之间有殊途同归之处。

说到这里，我们不但明白了0.1×0.1从哪里来，同时还从数形结合的角度很好地诠释了为什么0.1×0.1=0.01。当然，从数学学科逻辑而言，还可以基于分数乘法来理解算理：即0.1×0.1=$\frac{1}{10}×\frac{1}{10}=\frac{1}{100}$=0.01，相当于将分数单位$\frac{1}{10}$再十等分，得到更小的分数单位$\frac{1}{100}$，即0.01。这种处理的问题在于必须先教"分数乘法"，为"单位小数相乘"铺平道路。这种做法的好处是既扫除了算理一致性的理解障碍——0.1×0.1为什么会等于0.01，又为算法的多样化铺平了道路——可转化成整数乘法，也可以转化成分数乘法。

其实，上述方法的本质是一致的——都是分数单位的进一步等分，得到新的分数单位。所以史宁中教授建议：为了更好地理解小数的乘法运算，教科书在教学内容的安排上，分数单位的进一步等分应当安排在小数乘法运算之前。比如介绍分数的时候就介绍分数单位，并且介绍分数单位的进一步等分，否则就很难说明为什么0.1×0.1=0.01。

在当下教材体系中，分数乘法后置是一个迈不过去的坎。因此，我建议像北京东城区教师研修中心的王彦伟老师提出来的那样，在学完分数乘除法后，再上一节"换个角度算小数乘法"复习课，引导学生沟通整数、小数与分数乘除法运算的联系，探究运算的本质，构建结构化的知识体系。

第22讲：关于相邻长度单位之间的进率考证及思辨

有一道判断题引起许多人的争议。"两个相邻的长度单位之间的进率是10。……（　　）"，正确与否？

质疑理由1：常用长度单位有毫米、厘米、分米、米、千米，前面几个相邻长度单位之间的进率是10，但是米和千米之间的进率是1000。

质疑理由2：毫米往下到微米、微米到纳米……千米往上到兆米、兆米到吉米……两个相邻长度单位是1000，不是10。

质疑理由3：光年也是长度单位，但1光年等于光以30万千米每秒的速度行走1年所通过的距离，显然不在十进制长度单位序列。

【疑难解析】

长度和其他类量一样都有大小不同的一系列计量单位，其中"米"是基本单位，在它的基础上衍生了一系列辅助单位，包括倍数单位和分数单位，向上十进的有十米、百米、千米等，它们都是米的倍数单位；向下十分的有分米、厘米、毫米等，它们都是米的分数单位。长度单位"米"被严格定义后，它的倍数单位和分数单位都是按十进制原则规定的，即每相邻两个长度单位之间的进率都是10（如表1）。而我们所用的记数制也是十进制，这就使得长度用不同单位时的换算变得非常方便，只需将量数的小数点向左或向右移动若干位。

如：87.625km = 87625m = 8762500cm = …

表1

……	毫米	厘米	分米	米	十米	百米	千米	……
……	mm	cm	dm	m	dam	hm	km	……

···	10^{-3}	10^{-2}	10^{-1}	10^0	10^1	10^2	10^3	······
分数单位			基本单位	倍数单位			

原来米和千米之间还有十米、百米两个长度单位，只不过在生活实际中不常用而被人淡忘。看来与质疑理由1的分歧就在于常用与否。

再看 SI 单位制（国际公制），它是由一个基本单位"米"和16个辅助单位（加上16个SI词头构成的十进倍数和分数单位），如表2所示。

表2

长度单位	阿米	飞米	皮米	纳米	微米	毫米	厘米	分米	米	十米	百米	千米	兆米	吉米	太米	拍米	艾米
词头	atto	femto	pico	nano	micro	milli	centi	deci	—	deca	hecto	kilo	mega	giga	tera	peta	exa
因次	10^{-12}	10^{-11}	10^{-10}	10^{-9}	10^{-8}	10^{-3}	10^{-2}	10^{-1}	10^0	10^1	10^2	10^3	10^8	10^9	10^{-10}	10^{-11}	10^{-12}
代号	am	tm	pm	nm	um	mm	cm	dm	m	dam	hm	km	Mm	Gm	Tm	Pm	Em

在毫米以下、千米以上虽然仍有十进分数和倍数单位，比如1毫米=10丝米，1丝米=10忽米，1忽米=10微米。但SI单位制按西方习惯每千进才对应一个词头，从这个意义来说"每相邻两个长度单位的进率是10"显然以偏概全。所以与质疑理由2的分歧在于有没有给出对应单位（对应词头）。

对于"光年"，虽是长度单位，但非法定计量单位，仅在天文学科使用，用来度量宇观的空间尺度。所以与质疑理由3的分歧在于在不在SI单位制的法定计量单位范畴。

【教学思考】

1. 交流探讨必须基于同样标准。

综上所述，我们发现很多问题的争议源于交流双方缺乏科学权威的规范或约定俗成的共识作为讨论前提，因此，常常出现"公说公有理，婆说婆有理"，所以我们在命题的时候不妨明确讨论的前提，比如：

●判断题

1. "毫米、厘米、分米、米、千米"中每相邻两个长度单位之间的进率是10。……（　　）

2. 毫米到千米之间每相邻两个长度单位之间的进率是10。……（　　）

●填空题

（　　　　）分米＝15000米＝（　　　　）千米

●选择题

学校升旗台旗杆的高度是18.88（　　　）。

A．厘米　　　　B．分米　　　　C．米　　　　D．千米

这样的题目对概念的界定清晰、范围明确，学生对题目的理解无歧义，才能够真正指向所要考查的目标——量感、名数化聚。

2. 对于教学的价值重在培养孩子整体的视角和联系的思维。

学生学习时常常会发现数学中有些规定莫名其妙而毫无道理，比如为什么毫米到米每相邻两个长度单位之间的进率是10，而米和"上家"千米之间的进率怎么变成1000？同样，为什么其他两个相邻面积单位之间的进率都是100，而平方米和公顷之间的进率却是10000？而正是这些缺乏联系不好理解的知识多了，积重难返，造成学生数学学习的困难。如何让学生能够"既见树木又见森林"呢？比如教学长度单位时，可以将长度单位的发展史及SI单位制的相关知识以数学文化形式，做成生动有趣的微课介绍给学生。一方面让学生知道长度单位是以"米"为主单位的十进制系列单位（包含倍数单位和分数单位）。另一方面，因为面积单位和体积单位是由"米"为基本单位的长度单位导出的，所以它们每相邻两个单位间的进率也呈相应变化。比如面积单位$1m \times 1m = 1m^2$、$1dm \times 1dm = 1dm^2$，因为$1m = 10dm$，所以$1m^2 = 100dm^2$，因此每相邻两个面积单位之间的进率是100。同理，每相邻两个体积单位之间的进率是1000。

长乐师范附小《公顷、平方千米》案例回放：张老师让学生回顾已学过的面积单位有哪些？比画或描述出它们的大小，并说说它们之间的进率。随即显示学生熟悉的南山体育场图片，问丈量这个体育场用平方米合适吗？用动画显示将1平方米大小的吹塑板扔进体育场的场景，此时一平方米在运动场上只是一个点。一大一小的强烈对比，让学生体会此时测量用平方米作单位来太小了，有必要用到更大的测量土地面积的单位。接着多媒体播放学生课前手拉手围成边长10米的正方形的视频，即10平方米,,学生感觉还是太小。最后显示用彩带拉出的边长为100米的正方形，

告诉学生这是 1 平方百米（又叫公顷），学生觉得合适，并估出整个体育场占地面积约 4 公顷。这种设计很好地引导学生利用前面学习建构"1 平方厘米、1 平方分米、1 平方米"的面积单位的经验，来建构"1 公顷"这一面积单位，在形象直观地比较中牢固地建立了 1 公顷的表象。这为丈量 1 平方千米做了很好铺垫，很好地培养了学生整体的视角和联系的思维。

第23讲：为什么"9的乘法口诀"能用双手表示

用双手来记忆乘法口诀，如图1所示，把两只手的手指伸开，并排在桌子上。假定每一个手指按顺序代表一个相应的数：左边第一根手指为1，第二根手指为2，第三根手指为3，以此类推，一直到第十根手指代表10。现在，我们来把十根数中的任意一根与9相乘。注意，不要把手从桌上移开，只要把表示乘数的手指，稍微弯一点。那么，这根弯起的手指左边的手指数就是积的十位数字，右边的手指数就是积的个位数。

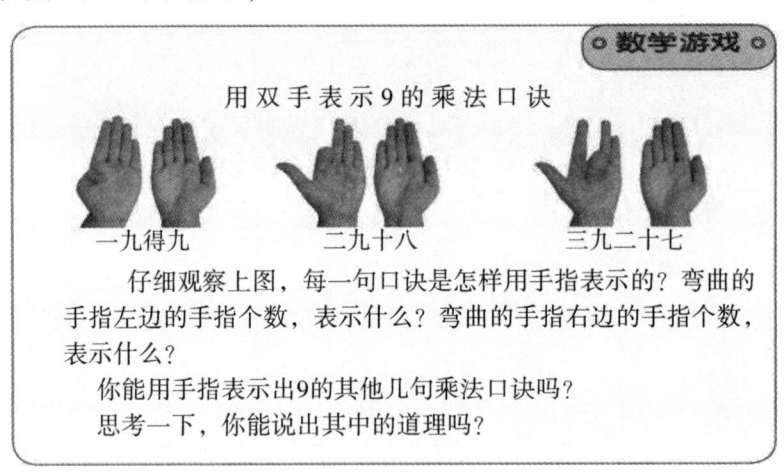

数学游戏

用双手表示9的乘法口诀

一九得九　　　二九十八　　　三九二十七

仔细观察上图，每一句口诀是怎样用手指表示的？弯曲的手指左边的手指个数，表示什么？弯曲的手指右边的手指个数，表示什么？

你能用手指表示出9的其他几句乘法口诀吗？

思考一下，你能说出其中的道理吗？

图1

那么问题来了：为什么几乘九，就弯曲第几根手指头，剩下的手指头刚好能表示积的十位数字和个位数字呢？其实，仔细想想不难发现"神奇"来自以下几个"巧合"。

"巧合"之一：9的乘法口诀的积的个位与十位上的数字之和刚好为9（见图2）。9的乘法口诀中积的个位数从9开始逐一向下递减，十位数从0开始逐一向上递增。每个积的个位和十位之和刚好为9。所以，双手十指

62

曲起一指，剩下九指可以表示9的乘法口诀的积。

"巧合"之二：几九比几十少几，n个九的和的十位数一定是$(n-1)$。如图3所示，一九比一十少1，二九比二十少2，三九比三十少3……九九比九十少9。也就是说n个九相加的和一定比n个十的和少n（$1 \leq n \leq 9$），则n个九的和的十位数一定是$(n-1)$。所以，计算几乘九的口诀，只要数到第几指并曲起该指，曲指之前的指数刚好是积的十位数字。

图2

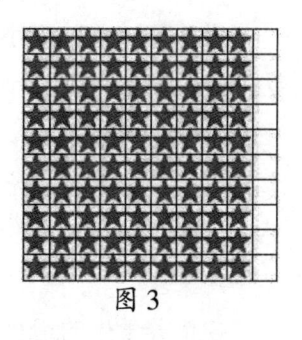

"巧合"之三：从二九开始，每将一个九凑成一个十都要到个位数那里取1（如图4所示）。这样一来，要凑齐几个十就要从原来作为个位数的那个9里取走几，最后的积都等于$10n+(9-n)$，积的十位数n与个位数$9-n$之和都等于$n+9-n=9$，所以曲指之后指数刚好就是9的乘法口诀中积的个位数字，这也正是乘法口诀中积的个位与十位上的数字之和都刚好为9的原因。

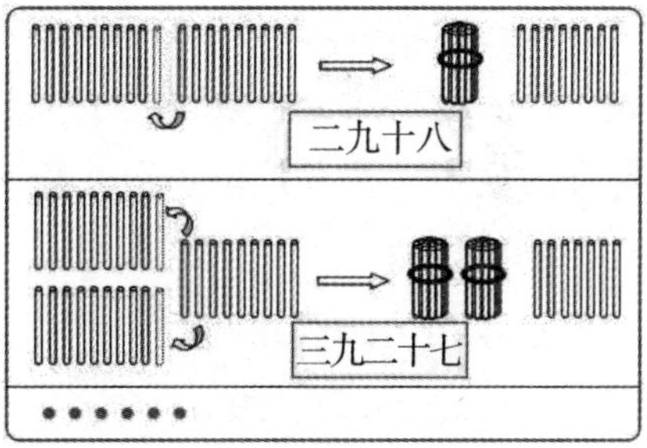

图3

综上所述，能用双手自然表示9的乘法口诀，看似"巧合"的背后，隐藏着数学知识的原理和数学规律的必然，其本质是巧妙地利用了人的双手一共有十指的自然特征与数学的十进制计数法以及位值制的相通之处。

图4

第24讲：为什么只要看因数中一共有几位小数就能确定积有几位小数

学习了"小数乘小数"后，老师们都会引导学生通过观察发现小数乘法算式中因数和积的小数位数存在一个规律——因数中一共有几位小数，积就有几位小数。比如 $0.2×0.3=0.06$，$0.14×0.6=0.084$，$5.23×1.07=5.5961$……但是往往停留在"知其然"层面，而不知也不究"其所以然"。"两位小数乘两位小数，积一定是四位小数吗"这种非本质问题是在钻牛角尖。

要培养学生的运算能力关键在于引导学生在理解算理的基础上掌握算法，探究和总结其中具有"普适性"意义的规律。而"两位小数乘两位小数，积一定是四位小数吗"的关注点落在"如果积的末尾有0，简化后还符合因数中一共有几位小数，积就有几位小数"这种表面"特例"上。

枚举归纳：

$0.01×0.01=0.0001$……

$0.25×0.04=0.0100$……

$0.99×0.99=0.9801$

通过举例学生发现两位小数乘两位小数，积确实都是四位小数，当然这里指的是未简化的原始积（如 $0.25×0.04=0.0100$，而不是化简后的 0.01），强调这一点有助于避开特殊化干扰，更好地探讨其中存在的一般化规律。

为加强结论的可靠性，要引导学生继续自主枚举验证猜想。可以随意列举因数的小数位数和是不同的，如：$6.7×5=($ $)$，$2.4×6.3=($ $)$，$5.4×2.16=($ $)$。也可以列举因数的小数位数和是相同的，如 $0.037×64$

= （　　），0.37×6.4 = （　　），3.7×0.64 = （　　），37×0.064 = （　　）。引导学生在变与不变中把握规律的本质。

追根溯源：

为什么小数（有限）存在这个规律呢？追根溯源可知有限小数是十进制分数的一种特殊记法，如 $\dfrac{37}{100}$，$\dfrac{26}{100000}$，$\dfrac{52900}{10000}$，写成指数形式 $\dfrac{37}{10^2}$，$\dfrac{26}{10^5}$，$\dfrac{52900}{10^4}$。如果只写出分子，并用小数点记录分母中有多少个 0 即为小数形式，写成：0.37，0.00026，5.2900。不妨通过分数乘法来一探究竟，如：$3.7 \times 0.64 = \dfrac{37}{10^1}$，$\dfrac{64}{10^2}$，$\dfrac{37 \times 64}{10^1 \times 10^2} = \dfrac{37 \times 64}{10^3} = 2.368$，$0.02 \times 0.99 = \dfrac{2}{10^2} \times \dfrac{99}{10^2} = \dfrac{2 \times 99}{10^2 \times 10^2} = \dfrac{2 \times 99}{10^4} = \dfrac{198}{10^4} = 0.0198$，

因为小数的位数等于对应十进制分数的分母中 10 的指数，并且"同底数幂相乘，底数不变，指数相加"。所以，小数乘法时因数中一共有几位小数，积就有几位小数。

第25讲：数小棒时为什么要将10根捆成一捆

问题：数小棒时为什么需要将10十根捆成一捆，如何让学生更好地理解"十"的意义？

解答：在人教版一年级上册《11~20各数的认识》教学中，老师都会要求学生在数数时把10根小棒捆成一捆，使学生看到1捆就是1个10。但为什么需要将10根捆成一捆，而不是3根或8根呢？

实际上，从人类的发展历程来看，十进制记数系统的抽象过程经历了计数、符号两个层次的抽象。

一、十进计数源于人类自身的数数习惯

亚里士多德称人类普遍使用十进制，只不过是绝大多数人生来就有10根手指这样一个解剖学事实的结果。纵观人类计数发展史，几乎每个民族最早都使用十进制计数法，这是因为人类计数时自然而然地首先使用的是十根手指。当人类祖先收获的猎物超过十个以后，他们就每数完手指（10个）为一堆，剩下的再屈指重新数（屈指可数可为佐证），数完手指（10个）再一堆。但是如果猎物非常丰富，数出的堆数是多少仍然不好计数呢？他们又发明出诸如结绳计数的方法，每数出一堆，在绳子上打一个结来表示，打满10个结则另找一根绳子来打结计数……也就是说在上古时代，人们计数不方便，会借助身边的东西来记忆，如手是最方便的，可从1数到10。之后成为习惯，一代代

传下来。这样就不难理解为什么在古代世界独立开发的有文字的记数体系中，除了巴比伦文明的楔形数字为60进制、玛雅数字为20进制外，几乎全部为10进制了。

二、数字符号的发明又催生了位数准则

数字符号的发明要比文字符号的发明更晚一些。因为数量可以无限多，所以数字符号也应是无穷无尽的，这样人类就遇到一个难题：必须用无穷多个符号表示所有的数字。不管是发明、记忆和使用这都是不可能的，于是聪明的人类发明了"进位"，也就是说只要用0~9十个数字及其组合加上"位数准则"就可以表示所有自然数。这个位数准则就是：数字符号在不同的"位"表示基数不同的量，比如353，左起第一个"3"在百位上表示3个百，第三个"3"在个位上表示3个一。这不仅对数学，即便对人类文明发展的贡献也都是巨大的，难怪马克思在他的《数学手稿》一书中称十进位值制记数法为"最妙的发明之一"。

【教学建议】

"十"是学生认数和计算学习过程中的重要内容，它的学习也是"十进位值制"的启蒙。因此建议老师在教学时要做到以下几点。

1. "史"前经历，激趣释疑。

可以用数学绘本或数学微课的方式，引导学生经历原始人类借助石头、结绳等进行计数的发展过程，使学生在生动有趣的数学发展"史"前经历中，初步感悟"十进位值制"的产生的合理性和使用的简洁性。

2. "数"中感悟，突重破难。

积极创设以数数为主的多样有序并富有挑战性的数学活动，使学生在经历数数活动过程中感悟"十"的作用及价值，逐步建立数感。教师可呈现一堆杂乱无章的小棒，让学生尽快计数小棒的数量，可以引导学生认识除了"1根1根地数"，还可以"2根2根地数"或"5根5根地数"，还可以"先数10根，再看出十几"等多种方法，让学生经历从逐个计数到

按群计数的多样化数数过程，丰富学生数数经验，感受不同的数数方法不影响数数结果，进而在多样比较中感受"先数 10 根，再看出十几"的简洁明了的优势。

3."猜"中发散，一举多得。

在拓展环节教师可以拿出 2 个磁扣（或者在计数器上盲拨 2 个珠子）让学生猜测可以表示几，有的学生猜 2，有的学生猜 20，有的学生猜 11。这个环节重在猜的过程和说明理由，让孩子在开放的问题中强化"位"的意识。即使老师最后揭示答案是百位和个位上各有 1 个磁扣或珠子（即 101）超出了孩子的认知，这种拓展留给孩子的也是意外的惊喜和对未知的渴求，这种有趣而富有挑战的竞猜，带给孩子的是思维的发散和进阶。

第26讲：为什么倒序数之间的差都是9的倍数

问题：有位老师想以"一个两位数的十位上的数字和个位上的数字交换位置后得到的数和原数相减的差都是9的倍数"这个内容作为题材上一节拓展课，问：为什么将一个两位数的十位上的数字和个位上的数字交换位置后得到的数和原数相减的差都是9的倍数？如 21-12=9，53-35=18……如何才能有效地引导学生探究和说理？

解答：要上好这节课首先要解决的问题是9的倍数特征：如果一个整数的各个数位上的数之和是9的倍数，那么这个整数就是9的倍数。这是探究该内容的逻辑起点。也可以以直接用9去除的方法来验证。

其次为了表述方便，我们可以先把这种将一个整数的各个数位上的数字倒过来排列后得到的数，称为原数的倒序数。比如12的倒序数是21，21的倒序数是12，即它们互为倒序数。同理1234和4321也互为倒序数。一个两位数与它的倒序数之差会是9的倍数吗？我们来看看是否真有此规律。

21-12=9，31-13=18，41-14=27，
51-15=36，61-16=45，71-17=54，
81-18=63；
91-19=72，92-29=63，93-39=54，
94-49=45，95-59=36，96-69=27，
97-79=18，98-89=9；
52-25=27，53-35=18，54-45=9，
65-56=9，75-57=18，85-58=27，
95-59=36，

……

通过横向、纵向、中间随机抽数枚举，此中还真藏着秘密。

特殊化枚举。按道理一个两位数的倒序数也通常是两位数，但是整十数例外，比如：

10 的倒序数是 01，即一位数 1，20 的倒序数是 02，是一位数 2……则
10-1=9，20-2=18，30-3=27，
40-4=36，50-5=45，60-6=54，
70-7=63，80-8=72，90-9=81。

在特殊枚举里我们很容易窥探其中的秘密：几十的倒序数就是几，因为位置值的变化，几十比它的倒序数少几个 9，即它们之差一定是 9 的倍数。

我们可以把这个结论一般化，理由如下：

（1）一般化说理：一个两位数 ab（$a>b$），十位上的数字几就表示几个十，个位上的数字几就表示几个一，当十位上的数字 a 移到个位时，这个数就比原数少了 a 个 9。同理，当个位上的数字 b 移到十位时，这个数就比原数多了 b 个 9。所以，两位数 ab 与倒序数 ba 的差是（$a-b$）个 9，因为 $a>b$，所以（$a-b$）个 9 是 9 的倍数。

（2）代数推理证明。一个两位数 $10a+b$（$a\neq0$，$a>b$），则它的倒序数 $10b+a$。

$\quad$（$10a+b$）-（$10b+a$）
$=10a+b-10b-a$
$=10a-a-10b+b$
$=$（$10a-a$）-（$10b-b$）
$=9a-9b$
$=9$（$a-b$）

因为 $a>b$，所以 9（$a-b$）是 9 的倍数。

反思：

1. 倒序数的教学价值重在发现归纳规律还是探究规律背后的道理？

实践证明小学生不容易自己来发现和归纳出一个两位数和它的倒序数

之差是 9 的倍数这个规律。可以直接出示结论让学生自己去验证和探究其背后隐藏的道理。

2. 实际上这是一个片面归纳出来的规律，缺乏整体的视角，对学生思维发展的意义不大，要更好地发展学生的推理意识，还可以引导学生去大胆质疑和自主迁移。

质疑一：这个规律是不是只能在两位数里成立呢？让我们找一下其他多位数试试：比如 321 的倒序数 123，9876 的倒序数是 6789，则：321－123＝198，198÷9＝22；9876－6789＝3087，3087÷9＝343。可见这个规律适用于所有的多位数。

质疑二：推广到多位数又涉及另一个问题，这个规律是不是一定存在于倒序数之间，变序数行不行？所谓变序数，这里指和原来多位数的数字相同，只不过数字所在的数位顺序和原来有所不同，比如 321 的变序数有：123、132、213、231、312。它们之间的差也是 9 的倍数，如 321－213＝108，108÷9＝12，证明这个规律在变序数之间也是成立的。

具体的推理和说理都可以从上述方法中得到启发和自主迁移的。

第27讲：同样是回文算式，为什么 $13×62=26×31$，而 $12×34≠43×21$

三年级下册的数学拓展课《探究"回文算式"的秘密》，让学生探究两位数乘两位数的"回文算式"的规律，但囿于小学生的认知发展水平，没有触及规律背后的道理。因此，学生只是知道什么样的回文算式等号两边的积相等，什么样的回文算式左右两边的积不等，却不知为什么会这样？比如：为什么 $13×62=26×31$，而 $12×34≠43×21$？为保护孩子的好奇心，鼓励他们究根问底，不妨厘清疑难，用深入浅出的语言，将此类问题做成生动有趣的"说理小品文"或"说理微视频"，让学有余力的孩子得到思维的拓展与进阶。

我们可以从简单的枚举比较入手，列举出一些两积相等和两积不等的两类"回文算式"，看看其中到底隐藏着什么秘密？

一、枚举比较

(1) $13×62=806$；$26×31=806$；
   $13×62=26×31$。
(2) $12×34=408$；$43×21=903$
   $12×34≠43×21$。
(3) $14×82=1148$；$28×41=1148$；
   $14×82=28×41$。
(4) $23×45=1035$；$54×32=1728$；
   $23×45≠54×32$。
(5) $31×39=1209$；$93×13=1209$；
   $31×39=93×13$。
(6) $34×36=1224$；$63×43=2709$；
   $13×62≠26×31$。
(7) $32×46=1472$；$64×23=1472$；
   $32×46=64×23$。
(8) $45×65=2925$；$56×54=3024$；
   $45×65≠56×54$。

图 1

从以上算式可以看出，不是所有的两位数乘两位数的回文算式左右两边的积都相等，那么到底什么样的回文算式两边的积才相等呢？通过观察图 1 左边列举的回文等式，不难看出两位数相乘的回文等式存在的共同特征是：两个因数的十位上的数相乘的积等于个位上的数相乘的积。

为什么存在这种特征的乘法算式可以写成回文等式呢？以 13×62＝26×31 和 12×34≠43×21 为例，通过竖式直观来研究其中的道理。

二、竖式直观

分别列出 13×62 和 26×31、12×34 和 43×21 的竖式如下：

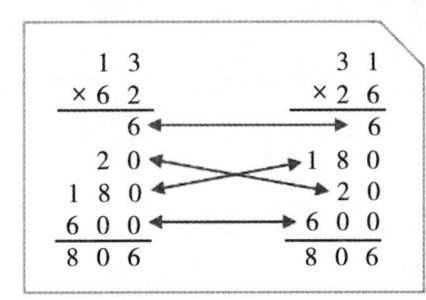

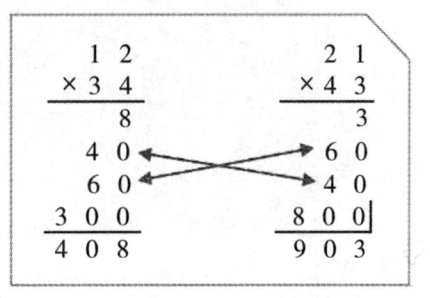

图 2

如图 2 所示，两位数相乘的积是由 4 个部分组成的。两个因数的个位数之积决定计算结果有几个"一"，两个因数的十位数之积决定计算结果有几个"百"，两个因数的交叉数之积决定计算结果有几个"十"。因为回文算式是同时交换两个因数的十位与个位上的数的位置，所以两个因数的交叉数之积的和是不会变的，都是表示同样多个"十"。因此两个因数十位上的数的乘积是否等于个位上的数的乘积，成为回文算式左右两边乘积是否相等的决定因素。如果相等，虽然经过回文交换，仍然不会对整个计算结果产生影响（如图 2 左边竖式所示）。否则，通过回文变化得到的算式之积就不会和原算式之积相等（如图 2 右边竖式所示）。

所以判断一个两位数乘法之积是否与它的回文算式相等，只要看它的个位数之积是否等于十位数之积，还可以通过画图，借助几何直观来理解。

三、几何直观

先画出 13×62 和 26×31 的面积图（见图 3）来比较。

图3中各部分:
- 60×10等于6个100
- 60×3等于18个10
- 2×10等于2个10
- 2×3等于6个1

- 30×20等于6个100
- 30×6等于18个10
- 1×20等于2个10
- 1×6等于6个1

图3

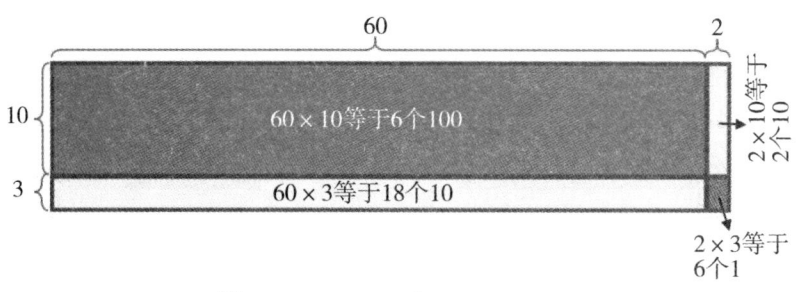

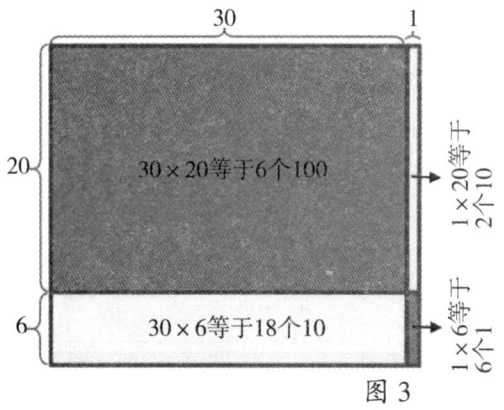

我们再画出 12×34 和 43×21 的面积图（见图4）看看：

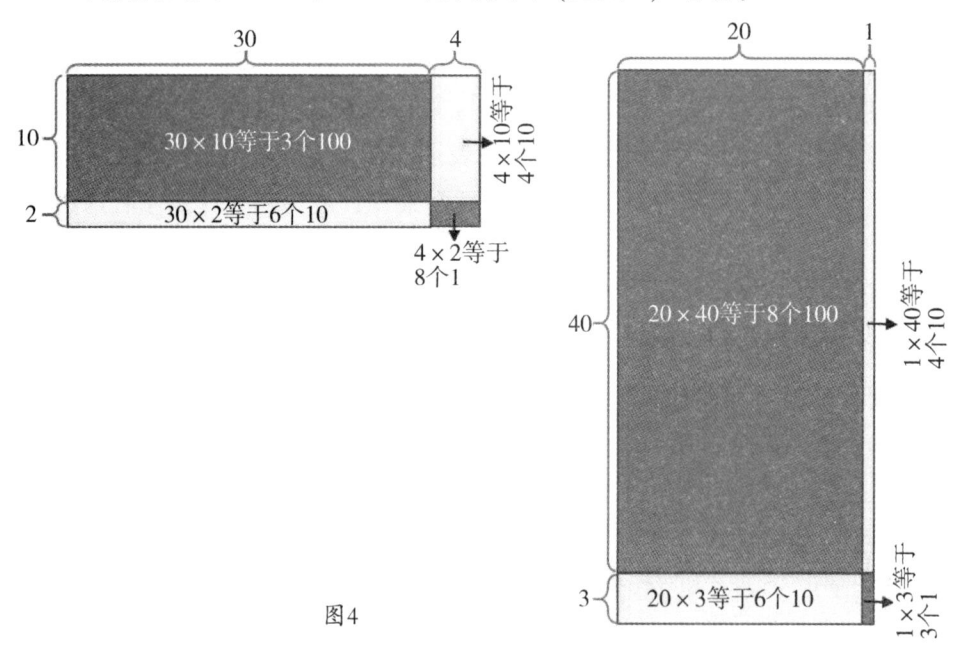

图4中各部分：
- 30×10等于3个100
- 30×2等于6个10
- 4×10等于4个10
- 4×2等于8个1

- 20×40等于8个100
- 20×3等于6个10
- 1×40等于4个10
- 1×3等于3个1

图4

从两组面积图的对比可以看出，不管是 13×62 和 26×31，还是 12×34 和 43×21，两个因数的交叉数之积都是相等的，表示同样多个 10。区别在于前者十位上的数之积与个位上的数之积相等，所以写成回文算式时，虽然交换了计数单位，但积的大小不变。如图 3 所示，6 个百和 6 个 1，交换计数单位后还是 6 个百和 6 个 1。而后者十位上的数之积与个位上的数之积不相等，所以交换了计数单位后数的大小改变了。如图 4 所示，原来是 3 个百和 8 个 1，写成回文后交换了百位和个位的数量，变成 8 个百和 3 个 1，所以结果就不相等了。

第28讲：异分母分数相加、减为什么要先通分再加减

教学"异分母分数加、减法"时，学生常常会有这样的疑问：为什么异分母分数相加、减，必须先通分，然后按照同分母分数加、减法进行计算，而不能直接将分子相加、减的结果作为分子，分母相加、减的结果作为分母？

实际上这里面涉及数的运算本质，下面以 $\frac{1}{2}+\frac{1}{4}$ 为例，从分数的多重意义及算理的一致性来谈谈其中的道理。

一、从分数的"率"的意义来看

如图1所示，持直接相加减观点的人认为 $\frac{1}{2}$ 是把单位"1"平均分成2份，表示这样的1份，$\frac{1}{4}$ 是把单位"1"平均分成4份，表示这样的1份。

这样就是把单位"1"分成了6份，表示这样的2份，就是 $\frac{2}{6}$ 即 $\frac{1}{3}$ 吗。实际上这种加、减法并没有建立在平均分的基础上，即没有一致的计数单位，更何况单位"1"也变了，这样直接相加减得到的数量是不明确、不确定和不正确的，这样得到的结果也没有意义。

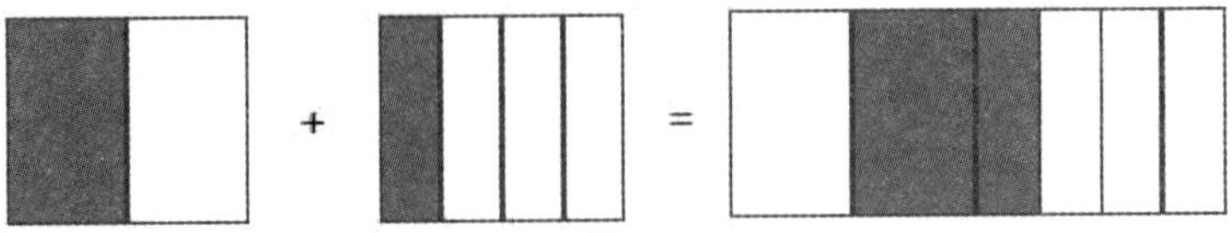

图1

图 2

图 3

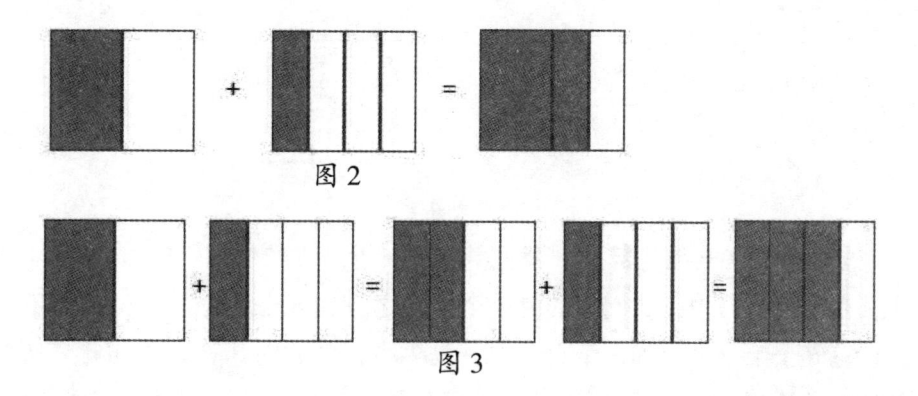

即使如图2所示，在表示单位"1"的长方形里涂出$\frac{1}{4}$和$\frac{1}{2}$，因为没有统一的计数单位，我们还是无法直接计算出涂色面积的大小。解决问题的关键在于找到统一的计数单位，通分可知可以取$\frac{1}{4}$作为它们共同的计数单位（如图3），$\frac{1}{2}$等于$\frac{2}{4}$，即$\frac{1}{2}$里有2个$\frac{1}{4}$，再加上1个$\frac{1}{4}$，一共有3个$\frac{1}{4}$，这时涂色面积等于大长方形面积的$\frac{3}{4}$，所以$\frac{1}{2}+\frac{1}{4}=\frac{2}{4}+\frac{1}{4}=\frac{3}{4}$。

二、从分数的"量"的意义来看

当$\frac{1}{2}$和$\frac{1}{4}$表示一个具体的量时，举一个生活中的例子来说明：妈妈第一次买了$\frac{1}{2}$千克绿豆，即0.5千克；第二次买了$\frac{1}{4}$千克的绿豆，即0.25千克；两次购买的绿豆重量和是0.5+0.25=0.75千克，即$\frac{3}{4}$千克，所以当分数表示"具体的量"时，$\frac{1}{2}+\frac{1}{4}=\frac{3}{4}$，不等于$\frac{1}{3}$。

三、从"算理一致性"的视角来看

从分数的含义来解释，异分母分数相加，不通分，只是分母和分子分别相加是不对的。因为我们在数的运算过程中，都是在数一数、算一算有几个相同的计数单位。

77

```
      8 6
  + 1 4 2
    1
    2 2 8
```

小数点要对齐

```
    2 4 . 8 3
  +   5 1 . 6
    7 6 . 4 3
```

图 4

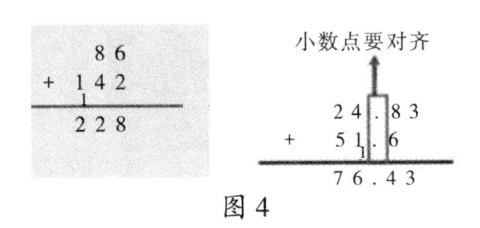

如图 4，在整数笔算中，我们算的是 6 个 1 加 2 个 1、8 个 10 加 4 个 10；在小数笔算中，我们算的是 8 个十分之一加 6 个十分之一；我们不会去计算 6 个十分之一加 3 个百分之一是多少，分数的计算亦是如此。从数的运算的算理一致性而言，在异分母分数的加、减法计算中一定要先通分，转化成相同的计数单位，然后再计算。

第29讲：分数乘分数为什么不用通分

问题：分数乘分数为什么不用通分？

答：首先要弄清楚的是"通分的意义是什么"。

通分的意义是什么？或者换个问法：为什么"异分母分数相加、减，要先通分，然后再按同分母分数加、减法进行计算"？答案就是"只有计数单位相同的数才能直接相加、减"，也就是说在统一标准的前提下去计数，得到的结果才是明确而准确的，否则计数出来的"数"是没有意义的。

比如，4+2=6可以表示4个桃子+2个桃子=6个桃子，也可以表示4杯可乐+2杯可乐=6杯可乐，但绝不能解释为4个桃子+2杯可乐=6个桃子，或者4个桃子+2个桃子=6杯可乐。这就是统一单位的必要性。

同理，$\frac{1}{4}+\frac{1}{2}$如果直接累加计数，1个$\frac{1}{4}$与1个$\frac{1}{2}$相加得到2个什么呢？2个1/（4+2），越加越少显然不对，如果得到2个$\frac{1}{4}$或$\frac{1}{2}$，肯定也不对。但是如果把$\frac{1}{4}+\frac{1}{2}$的算式进行通分，转化成$\frac{1}{4}+\frac{2}{4}$，就知道这是1个$\frac{1}{4}$加上2个$\frac{1}{4}$等于3个$\frac{1}{4}$，即$\frac{1}{4}+\frac{1}{2}=\frac{1}{4}+\frac{2}{4}=\frac{3}{4}$，得到的结果是明确而准确的。

再说说"分数乘法为什么不需要通分"。如前所述，加减运算表示将两个东西合并计数，要在计算单位一样的前提下这个合并计数出来的数才有意义，所以分数加减法要求在相同的分数单位下进行，异分母分数必须先通分成同分母分数，然后才能直接相加减。而乘数是整数的乘法本身就

79

是表示求几个相同加数的和的简便运算，计数单位已经统一，不需要考虑通分问题。

比如分数乘整数，$\frac{2}{9}×3=\frac{2}{9}+\frac{2}{9}+\frac{2}{9}=$（2+2+2）/9=（2×3）/9=6/9=$\frac{2}{3}$，实质上在计数（2×3）个$\frac{1}{9}$。

那么分数乘分数怎么理解呢？首先要让学生理解几分之一乘几分之一是把分数单位再细分，比如$\frac{1}{9}×\frac{1}{3}$，是把$\frac{1}{9}$再平均分成3份，每份得到1/（9×3）。基于这种认识，分数乘分数还是可以转化成"整数"个相同加数来计算。以$\frac{2}{9}×\frac{2}{3}$为例，可以看成2个2个$\frac{1}{9}$的$\frac{1}{3}$，即（2×2）个1/（9×3），所以分母相乘的积做分母，本质上是单位的再细分，而不是通分。分子相乘的积作分子，表示一共有几个这样的细分单位。其本质上还是计数"几"个相同的计数单位。

我们还可以在积不变的前提下把计数"非整数"个相同加数转化成计数"整数"个相同加数来计算，从而实现前后知识的"算理一致化"。我们知道整个四则运算都是建立在整数四则运算的基础上，比如分数乘分数，通常也可以转化成分数乘整数或者整数乘法来计算的。以$\frac{2}{9}×\frac{2}{3}$为例，我们可以根据积不变性质把它转化为（$\frac{2}{9}÷3$）×（$\frac{2}{3}×3$）=2/（9×3）×2，也就是计数2个2/（9×3）或计数（2×2）个1/（9×3）是多少，算理如下图所示。

乘法 $M×N=A$ 是表示求几个相同加数的和的简便运算。也就是 M 的 N 倍（N 可以为任意数）等于 A，M 和 A 可以有相同的计数单位，N 是倍数，不需要与 A 有相同的计数单位，所以没有通分的必要。

我们可以通过形式推理让学生直观理解分数乘法只要将"分子相乘的

积作分子，分母相乘的积作分母"。至于为什么不需要像分数加减法那样进行通分的道理，可以用说理微课等适当的方式让学生弄明白，有助于学生建立结构化的认知体系，更好地发展思维和促进深度学习。

第30讲：为什么大小、形状不同的三角形内角和都是180°

学习"三角形的内角和"时，学生常常有疑惑：为什么大小、形状不同的三角形内角和都是180°？有些老师也往往因为对这个问题缺乏深度思考难以用小学生听得懂的方法进行有效说理，或用结论代替分析，或用直观操作代替数学推理，难解学生心头之惑。

实际上这个看似简单的问题包括了如下三个小问题：（1）三角形的内角和多少与三角形的大小有关吗？（2）三角形的内角和多少与三角形的形状有关吗？（3）为什么三角形的内角和是180°？只有找准问题的症结所在迎惑而上、顺疑而导，才能使学生明理悟法、触类旁通。

首先，三角形的内角和与三角形的大小有关吗？

结论是否定的。因为角的大小与边的长短无关，不管将一个角的两边如何延长，这个角的大小不变，所以如图1所示无论将一个三角形放大多少倍或缩小到原来的几分之一，改变的只不过是三条边的长度，它的每个内角的度数都没有变，内角和当然也不会变。

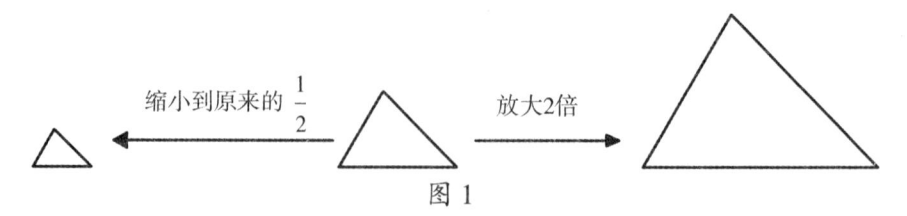

图 1

其次，三角形的内角和与三角形的形状有关吗？

我们能否通过同时扩大或缩小三角形的三个内角的度数来改变它的内角和呢？通过实验可知，无法实现这个目的。如图2所示，当我们不断地张大其中一个内角的两条边时，其余两个内角会随之不断缩小，最后这个内角趋于平角（两条边趋于同一条直线上），其余两个内角便趋于0°。我们发现三角形的内角和是一个恒量，它总保持180°这个定值上。我们还可以借助科技的便利通过在"几何画板"上将一个三角形进行任意拉伸变形，看看三角形随着形状改变内角和会不会变，结果发现不管三个内角的度数怎么变化，它们的和不变，都是180°。

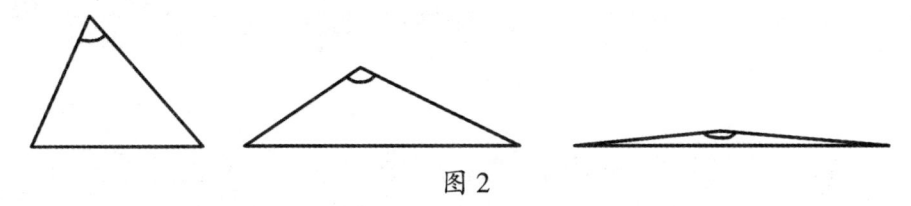

图 2

第三，为什么三角形的内角和是180°？

"在平面上三角形的内角和是180°"这个结论是肯定的，证明三角形的内角和是180°的方法有很多，小学生经常使用的"测量累加法""撕拼法""折拼法"等并非严谨的数学证明，但可以视为小学生尝试"证明"的萌芽，在"证明"或"证伪"的过程中，获得初步直观操作探究体验，养成自主观察发现、猜想验证的探究意识。为了更好地引导学生从合情推理走向演绎证明，人教版小学数学四年级下册介绍了一种小学生容易接受的简单的证明方法：首先证明直角三角形的内角和是180°。因为矩形的内角和是 $4×90°=360°$，将矩形沿对角线剪开得到两个完全一样的直角三角形，所以每个直角三角形的内角和是 $360°÷2=180°$。接着，把非直角三角形（锐角或钝角三角形）转化为直角三角形来证明，如图3所示，沿着三角形的一条高将三角形分成两个直角三角形，因为一个直角三角形的内角和是180°（前面已证明），两个直角三角形（6个角）的度数之和就是360°，这时候计算的角中有两个直角不属于原三角形（未分割前的）的内角，必须减去两个直角的度数，得到一个三角形的内角和是 $360°-90°×2=180°$。从而，证明任意一个三角形的内角和都是180°。

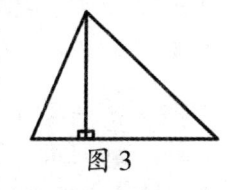

图 3

上中学后，学生会学到更多的严谨的证明方法。

（1）"内错移拼法"：过任意三角形的其中一个顶点作它对边的平行

线（如图4），根据"内错角相等"原理，就可以将这个三角形的三个内角"移"到一起，拼成一个平角，得证三角形的内角和是180°。

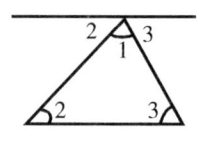

（2）"同位移拼法"：添加辅助线同上，不同的是如图5所示，将这个顶点所在内角的两边反向延长，然后根据"同位角相等""对顶角相等"等原理，将这个三角形的三个内角"移"到一起，拼成一个平角，得证三角形的内角和是180°。

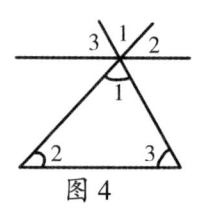

……

其实，比证明"三角形的内角和是180°"更有价值的是让学生知道"三角形的外角和是360°"，因为这才是"三角形的内角和是180°"的根本原因，也是所有多边形共有的一个内在属性。

让学生用一只"蚂蚁"绕三角形爬行一周，并思考在这个过程中"蚂蚁"一共转向了多少度？（建议学生将每一个转向的角度标出来）

如图5，学生操作探究时标画出来的"转向角"实际上就是三角形的三个外角，学生会发现"蚂蚁"在这个爬行一周过程中自身也转动了一周，也就是说三个"转向角"（即外角）之和是360°。这也为将来探索其他多边形的外角和（如图6）埋下伏笔。

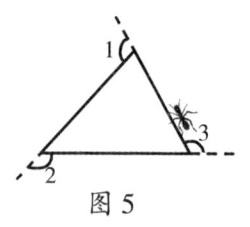

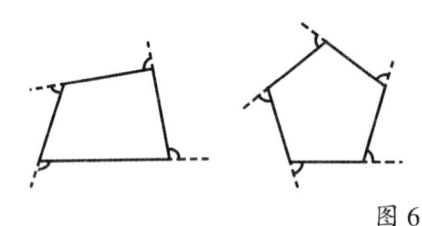

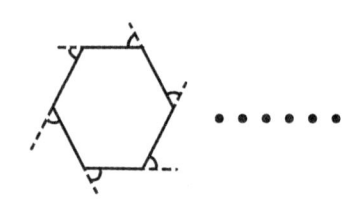

图6

第31讲：为什么正 n 边形有 n 条对称轴

一、直观推理，发现规律

首先，我们进行下表中的直观归纳，通过观察、操作、比较、验证，我们发现正三边形（正三角形）一共有三条对称轴，正四边形一共有四条对称轴，正五边形一共有五条对称轴，正六边形一共有六条对称轴，由此推想是不是正 n 边形就有 n 条对称轴。随机画了正九边形、正十边形甚至正更多边形，结果发现都符合猜想，结论成立。

图形	△	□	⬠	⬡	……	✳	✳	正 n 边形
边数	3	4	5	6	……	9	10	n
对称轴数量	3	4	5	6	……	9	10	n

二、分类讨论，解释规律

我们可以把正多边形分为奇数边形和偶数边形来讨论。

1. 正奇数边形。

正三边形（正三角形），一共三个顶点对三条边，经过每个顶点与对边中点的直线就是它的对称轴，因此一共有三条对称轴。

正五边形，一共五个顶点对五条边，经过每个顶点与对边中点的直线就是它的对称轴，因此一共有五条对称轴。

……

正 n 边形，一共 n 个顶点对着 n 条边，经过每个顶点与对边中点的直线就是它的对称轴，因此一共有 n 条对称轴。

2. 正偶数边形。

正四边形，一共四个顶点对四条边，经过相对的两个顶点的直线就是它的对称轴，四个顶点形成这样的两条对称轴；经过相对的边的中点的直线就是它的对称轴，四条边形成这样的两条对称轴，因此一共有四条对称轴。

正六边形，一共六个顶点对六条边，经过相对的两个顶点的直线就是它的对称轴，六个顶点形成这样的三条对称轴；经过相对的边的中点的直线就是它的对称轴，六条边形成这样的三条对称轴，因此一共有六条对称轴。

……

正 n 边形，一共 n 个顶点对 n 条边，经过相对的两个顶点的直线就是它的对称轴，n 个顶点形成这样的 $n/2$ 条对称轴；经过相对的边的中点的直线就是它的对称轴，n 条边形成这样的 $n/2$ 条对称轴，因此一共有 n 条对称轴。

三、抽象概括，形成结论

（1）当 n 是为偶数时，那么经过两个对边中点的直线是其对称轴，n 条边，则有 $n/2$ 条对称轴，然后再加上经过两个对边的顶点的直线也是其对称轴，也有 $n/2$ 条对称轴，那么总共有 n 条对称轴。

（2）当 n 是为奇数时，经过顶点和其对边的中点的直线，即为其对称轴，n 条边，则有 n 条对称轴。

因此，不管 n 是奇数还是偶数，正 n 边形都有 n 条对称轴。

第32讲：为什么两个三角形必须完全相同才能拼成平行四边形

《三角形的面积》这节课中，老师让每个学习小组利用信封中的学具进行探究，每个信封中装有1个平行四边形和一些大小、形状相同或不同的三角形纸片。老师发现有的学生用不同形状的三角形在尝试拼组，随即提醒他要用两个完全相同的三角形拼组。

纵观几大版本小学数学教材在这一课中都是引导学生通过倍积推导得到三角形的面积的计算公式，因此很多老师都会要求学生要用两个相同的三角形来拼成平行四边形，可是"为什么两个三角形必须完全相同才能拼成平行四边形"却鲜有人理会。

为什么两个三角形必须完全相同才能拼成平行四边形？我们无法把一个平行四边形分成两个不一样的三角形，因为要把一个平行四边形分割成两个三角形，只能从它的对角线剪开，否则至少其中一个部分不是三角形，所以只有如图1所示的两种分法。

因为平行四边形是中心对称图形，所以沿对角线剪开的两部分，其中一部分绕对称中心旋转180°后会和另一部分完全重合（小学生已具有这种活动经验），也就是说这两种方法分出来的两个三角形肯定全等（完全相同）。

这种证明方法是学生最容易理解和接受的，也许这正是几大版本教材都采用引导学生将两个完全相同的三角形拼成一个平行四边形进行直观推理、倍积推导的原因。

我们还可以正向进行证明。根据全等三角形的判定性质SSS（边边边）：三边对应相等的两个三角形全等。图1所示的两种分法分出来的两个三角形都有一条公共边，另外两条分别属于平行四边形的两组对边，因为平行四边形的对边相等，所以两个三角形的三条边都对应相等，从而得证这两种方法分出来的两个三角形一定全等（完全相同）。反推亦然，要想用两个三角形拼成平行四边形，拼合的那组对应边作为公共边必然相等，另外两组对应边，依照平行四边形对边平行且相等的性质也可推得相等，根据全等三角形的判定性质（SSS），这两个三角形一定是全等三角形。

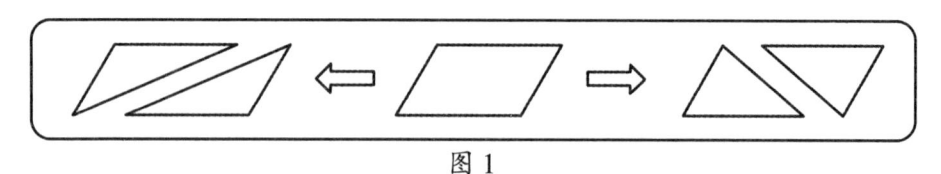

图 1

如图 2 所示，要想用两个三角形拼成一个平行四边形，拼合的那组对应边作为公共边必然相等，因为 AB∥CD，所以内错角∠1 = ∠3，同理，根据 AD∥BC，推得∠2 = ∠4。根据全等三角形的判定性质 ASA（角边角）：三角形的其中两个角对应相等，且两个角夹的边也对应相等的两个三角形全等。

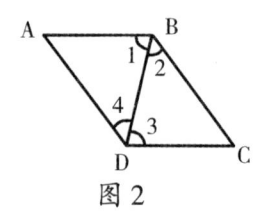

图 2

同样以图 2 为例，要想用两个三角形拼成平行四边形，拼合的那组对应边作为公共边必然相等，因为 AB∥CD，所以内错角∠1 = ∠3，依照平行四边形对角相等可推得∠A = ∠C。根据全等三角形的判定性质 AAS（角角边），三角形的其中两个角对应相等，且对应相等的角所对应的边也对应相等的两个三角形全等。

第33讲：为什么用正方形作面积单位比较合适

面积单位通常取边长为1的正方形，但为什么面积单位会选择正方形而不是其他平面图形呢？很多学生会提出类似疑问，但教材中并没有对此作出专门说明，所以有的老师认为这不过是人为规定而已，没有什么特别的理由。有的老师虽然认为规定背后存在一定的道理，却也因为没有深究过，不知如何应答。

我们不妨追根溯源，想想计算面积的初衷。人们认为几何学源于土地丈量术，生活在尼罗河边的古埃及人，由于河水经常泛滥，两岸田亩都被淹没，事后必须重新测量、勘定地界线、计算面积等。不管是早期古埃及人的勘测田亩，还是现今生活中与人们息息相关的活动场地、建筑物、常用生活用品等，可以看出人们更喜欢比较方正规则的形状，早期人类计量面积的对象更多的是针对比较规则的图形而言，碰到不规则的图形也总是想方设法将它转化成规则的图形来计算。

所以选定的面积单位一定要符合两个需求。第一，尽量密铺。选择的单位面积图形必须能够最大限度地密铺一个平面图形，尽可能做到严丝合缝，用形状、大小一致的图形拼连后，彼此之间不留空隙、不交叠覆盖，刚好将被测平面图形铺满，即能做到密铺。第二，方便测算。这种图形既要简单常见，又要便于切分和计算面积。

一、什么样的图形容易密铺？

实现密铺的条件是这个图形的若干个内角刚好能拼成360度。

首先，看看符合条件的正多边形有哪些？通过计算可知只有等边三角形、正方形、正六边形符合条件（如图1）。

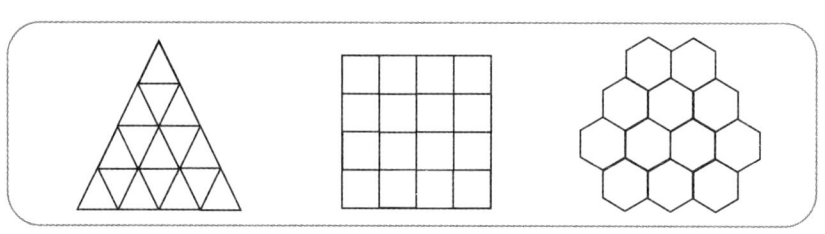

图 1

第二，当然是四边形。因为四边形的内角和是 360°，不同方向的四个内角刚好拼成一个周角，所以如图 2 所示，任意凸四边形也都可以实现密铺。

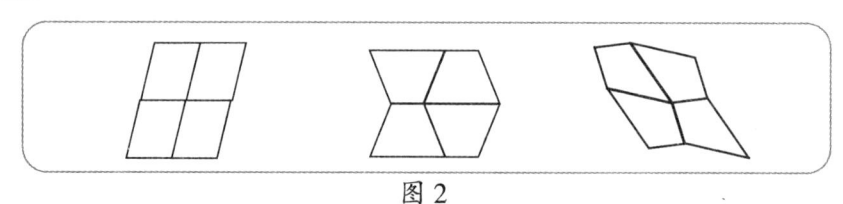

图 2

第三，因为两个全等的任意三角形都可以拼成一个平行四边形，所以如图 3 所示，任意三角形也都可以完成密铺。

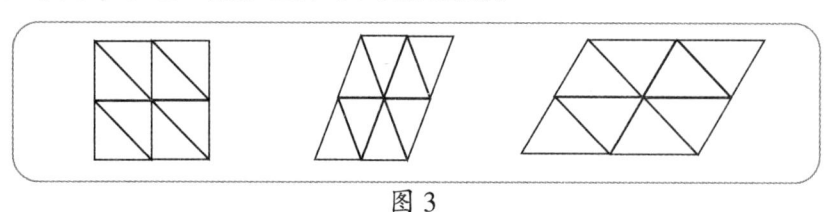

图 3

第四，可以密铺的其他特例。通过观察和实践，我们发现除了上述可以密铺的平面图形外，还存在很多如图 4 这样的可以密铺的其他多边形，这里不一一深究。

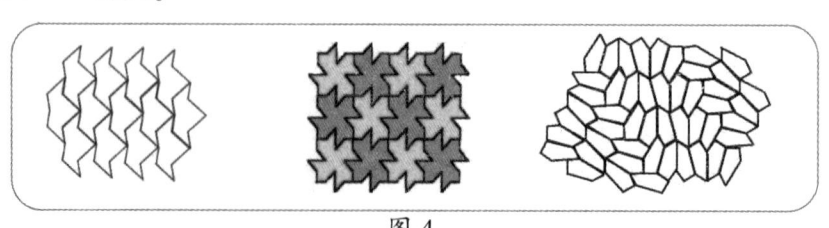

图 4

二、哪些图形密铺时方便摆放和计数

可以密铺的图形不少，为什么人们会选择正方形作为计量面积的单位呢？此时另一个考量标准就显得尤为重要。

通过比较我们发现，有的密铺图形需要考虑摆放方向的问题，比较麻烦。比如图2的任意四边形，就要讲究拼摆方向，否则无法密铺。有的密铺图形虽然不需要考虑摆放方向，但因为密铺时需要交错排列，造成计量常规图形时边沿吻合度差，而且每行密铺的图形个数也不一样，不便于计数，如等边三角形、正六边形。有的图形虽然密铺度好，也容易摆放，但不同方向的边长不一样，致使计量时存在单位标准不统一，不便于计数的问题。比如长方形就要考虑横向与纵向维度上的单位标准不统一的问题。

综上分析，不难看出虽然可以密铺的图形也不少，但从密铺度和规则易数方面来看，正方形是不二之选。

"重视通过观察和操作活动，初步建立面积与面积单位的概念，感受统一面积单位的必要性"是认识面积和面积单位的教学重点。

选择正方形作为面积单位的科学性和合理性，属于学生容易意会而难以言传的知识，不适合作为课堂教学的重点探究内容，但为了让学生感受很多数学规定背后的深层道理，培养他们的探究意识和理性精神，建议作为"你知道吗"栏目内容，或制作成数学微课，便于学生了解数学规定背后的道理，渗透数学文化。

第34讲："找次品"为什么要尽量三等分

很多老师在教"找次品"问题时，告诉学生要用最少次数确保找到次品的最优方案就是将待测物品尽量三等分，可是为什么要尽量三等分？怎么做到尽量三等分？只有尽量三等分才是最优方案吗？很多学生只知其然，却不知其所以然。

一、为什么要将待测物品分成三份

三份是人们用无砝码天平称量时能掌控的最大范围。以次品偏轻为例（下文中无特殊说明的都以次品偏轻为例），用无砝码天平称量待测物品时，先将等数目的两份物品放在天平的左右两边，如果不平衡，则次品在翘起的一边托盘里；如果平衡，则可推出物品一定在剩下的那一份里。所以。这里实际有三个"盘"：左盘、右盘和外盘（剩下的那份可以看作一个盘）。无砝码天平的左、右两盘加上推理，人们最多能掌控三份。这也是为什么从3个待测物品中找1个次品开始探究的原因，从"3个"到"3份"既是基础和提升的关系，又是特殊到一般的过程。

二、尽量三等分的原理

这要从最不利原则谈起，要研究确保找到次品的最少次数，就必须做最坏的打算，也就是说次品不管在哪份里，得出的结论都成立。就像切蛋糕，你只有把蛋糕尽量平均分才能确保自己拿到最大的份额，否则难保别人不挑走大块的，给你留下小块的。同理，做最坏的打算就是假设次品会在上一次分的最大的一份中，如何使最大值降到最小呢？最好的做法就是将它们尽量三等分。但是当待测物品的数量不是3的倍数无法刚好三等分时，也要确保其中两份数量相等，并且最多的那份待测物品和最少的那份数量上只差1。因为大于2的自然数除以3，结果只有三种情况：一是刚好整除；二是余数为1，即其中有一份多1；三是余数为2，可以理解为其中有一份少1。所以即使不能将待测物品数量进行三等分，也可以做到将它分成有两份数量一样，剩下的那一份与其相差1的情况。这样一来，就能确保称一次就能把次品缩小在原来待测物品数量的三分之一或接近三分之一中。

三、最优方案一定要尽量三等分吗

学完"找次品"一课，我们通常会得出"只有将待测物品尽量三等分才能确保用最少次数找到次品"的结论。其实学生在自主探索过程中往往发现除了从8个或9个待测物品中找一个次品外，其他像从5、6、7个待测物品中找一个次品无此必要。比如，从17个待测物品中找一个次品，除了按教材给出的方法尽量三等分：17（6，6，5）→6（2，2，2）→2（1，1），至少要称3次。还可有如下分法：17（5，5，7）→7（2，2，3）→3（1，1，1），至少要称3次；17（4，4，9）→9（3，3，3）→3（1，1，1），至少要称3次。

可见尽量三等分并不是"用最少次数确保找到次品"的必要条件，也就是说"最优方案"不一定要尽量三等分。而是把每次分得的最大值控制在一定的值域，比如上述待测物品数量17分成三份时注意做到两点即可：一是保证其中有两份数量是相等的，二是确保最大的那一份数量不超过9。（根据4到9个物品最多只需要称2次就能确保找到次品）

可见，"尽量三等分"这个结论并不是教学"找次品"问题的唯一价值，更重要的是让学生在探究"找次品"问题的"最优方案"过程中学会分类讨论，进行有序的思考，以及学会在由简到繁地开展研究中发现和总结规律，得出普遍性结论，真正做到学会数学地思维。

● 辨析中赋能

创新习题设计，让学生张开思维的羽翼

《课程标准》要求落实数学思考目标，而创新习题设计正是落实数学思考目标的一个具体举措，有些教师正前瞻性地致力于研究如何设计促进学生数学思考的创新习题，让学生张开思维的羽翼，兴趣勃勃、思绪飞扬地遨游于数学这片智慧的乐园。

一、利用几何直观显化规律，使抽象的规律有形可依

小学生的思维还是以形象直观为主，不喜欢也不善于从一堆纯数字的数列中去寻找规律，如果编题者能以形助数、数形结合，运用几何直观来引导学生探索规律，使学生的思维有一定的具象载体，抽象的规律就有形可依，不但便于学生理解、记忆，而且便于学生推演、发现，增加了学习数学的兴趣和信心。

【题1】用三条边都是1cm的三角形，按如下规律拼图形：

（1）用25个这样的三角形拼成的图形是（　　）。
A. 三角形　　　B. 平行四边形　　C. 梯形　　　D. 无法确定
（2）18个△按这样拼成的图形，周长是（　　）cm。
A. 19　　　　　B. 20　　　　　　C. 21　　　　　23

说明：本题利用拼成图形所用三角形的个数和所用的线段数以及拼成的形状存在内在联系——多拼1个三角形就要多用2条线段，偶数个三角形拼成平行四边形，奇数个三角形拼成梯形，引导学生以形助数、以数推形，形成良好的推理判断能力。

【题2】结合左边的点阵图，你能找到右边算式的规律并填空吗？

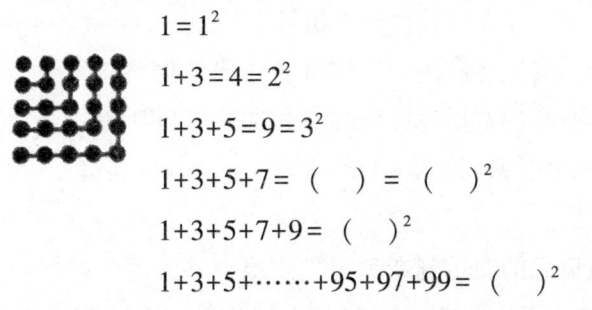

$1 = 1^2$

$1+3 = 4 = 2^2$

$1+3+5 = 9 = 3^2$

$1+3+5+7 = (\quad) = (\quad)^2$

$1+3+5+7+9 = (\quad)^2$

$1+3+5+\cdots\cdots+95+97+99 = (\quad)^2$

说明：利用上面的点阵，使学生可从数与形的联系中发现内在规律——点数之和等于项数的平方，进而鼓励学生推测出结果。

编制这种习题的窍门在于必须将数的规律和形的直观结合起来，使学生不但能借助形的直观观察、思考和发现规律，而且还会用数的规律反推其形，解析其状。要注意的是直观引导只是初级阶段，其终极目的还是要达成数学化的提升。

二、利用多样变式活化概念，使枯燥的概念有味可品

概念的高度概括性和抽象性往往会使学生望而生畏，所以在考查概念时要避免僵化地考查机械记忆和简单判断，而要通过设计灵活多样又富有思维含量的趣味变式练习，引导学生在各种不同的具体情况下，灵活运用概念的本质属性进行分析、推理和判断，使枯燥的概念变得鲜活而有味可品，学生对概念的理解就会清晰、深刻。

【题3】一个含有因数3的四位数，它的千位上的数是奇数又是合数，百位上既是偶数又是质数，十位上既不是合数也不是质数，个位上是质数，这个数写作（　　）。

说明：本题综合运用了"因数和倍数"这一单元的许多重要知识点，让学生在这样看似简单的填数游戏中积极思考和辨析，从而深化了对这些概念的理解。

【题4】

一个三角形，它的两个内角之和等于第三个内角；如果以这个三角形最长的边为底画高，再沿着高剪开，则得到两个人大小形状都一样的小三角形。根据以上描述，你认为这个三角形是（　　）。

A. 直角三角形　　　B. 等边三角形
C. 等腰三角形　　　D. 等腰直角三角形

说明：这种区间套的实质是利用信息整合来还原事物整体面貌，其目的是引导学生灵活运用概念的本质属性来判断和选择正确答案。

【题5】如果 a×b＝120，那第（a×3）×b＝＿＿＿，a×（b÷4）＝＿＿＿，(a×5)×(b÷5)＝＿＿＿。

说明：本题一改对概念的简单判断和定义式填空，而用含有字母的代数式表示积的变化规律的形式出现，这种具有较高数学化形式的变式训练，有助于学生对积的变化规律这个概念的理解内化和灵活运用。

编制这种习题的窍门是必须针对概念的特点，突破思维定式，设计各种有创意的变式，让概念的非本质属性时有时无，而本质属性恒在，这样就会迫使学生在变化中思考，不仅拓宽了解题思路，而且活化了概念的内涵。

三、利用开放问题深化操作，使机械的操作有念可想

以往的操作题往往限于基本的指令性操作，对学生思维要求不高，只要按指令执行即可，难以激起学生的兴趣。而开放型操作习题没有现成的解题模式，解题时往往需要从多角度进行思考和探索。有些问题的答案是不确定的，这样的操作题对学生思维具有一定的挑战，让学生有念可想，能激发主动参与的欲望。

【题6】用虚线把下图分割成一个三角形、一个平行四边形和一个梯形。

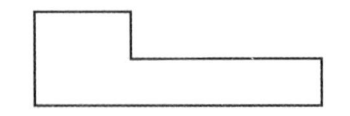

说明：这种看似降低执行精确度的开放操作题，实际上对学生思维要求有所提高，学生分割图形之前必须先设计好分割方案，而方案是不确定、不唯一的，学生必须能够运用三角形、平行四边形和梯形的概念的本质属性来设计和判断。

【题7】下面是三个完全一样的正方形，请你分别从中剪去一个长方

形，使剩下部分的图形符合下列要求。（在图中用阴影部分表示剪去的长方形）

周长比原正方形短　　　　周长与原正方形相等　　　　周长比原正方形长

说明：从一个正方形中剪去一个长方形，这道看似简单的操作题，因其开放而具有了思考性，特别是所设计的开放问题的要求从常规走向特殊，难度渐次提高，对学生思维的挑战程度也逐步提高，这样更有利于学生有序思考和发散思维。

编制这种习题的窍门是操作的要求必须具有一定的开放性和挑战性，使操作富有思考性和趣味性，学生必须在思考中操作、操作中思考，不但获得数学技能的锻炼，而且收获智力发展的体验。值得提醒的是不要随意拔高操作的难度，导致降低学生参与的兴趣。

四、利用思维踏板细化过程，使空泛的过程有迹可循

很多"数学广角"的习题往往让老师和学生都为之头痛，究其原因，除了思维难度过高以外，还有问题本身较为粗放，学生难以用准确的语言加以表述，所以要求编题者铺设一些思维踏板，起到示范答题模式、指点思维方向的作用，是学生的思维有的放矢、有模可仿、有迹可循。

1. 提出表达范式，细化思维过程。

【题8】数出图中正方形的个数。

(1) 可以这样数：由 1 个口组成的有＿＿个，
　　　　　　　　　由 4 个口组成的有＿＿个，
　　　　　　　　　共有＿＿个。

(2) 可以这样数：＿＿＿＿＿＿的有＿＿个，
　　　　　　　　＿＿＿＿＿＿的有＿＿个，
　　　　　　　　＿＿＿＿＿＿的有＿＿个，
　　　　　　　　共有＿＿个。

(3) 你是怎么数？共有几个？

说明：本题关注的是数图形的过程和方法，所以给了学生思维的方向和表述的模式，既为学生提供了答题的参照范例，也体现了对学生思维"从扶到放"的引导，使学生不会因审题不清而迷失方向，或者因表述障碍而无从下手。

2. 提供分析工具，具化思维过程。

【题9】如果某年四月份星期日的天数多于星期六，星期一的天数多于星期二，那么这个月的最后一天是星期（　　）。（如果需要可以借助下面的表格思考）

星期一	星期二	星期三	星期四	星期五	星期六	星期日

说明：完成本题需有较强的分析、推理能力，因为学生不仅需要知道四月份的天数为30天，还要懂得4月1日排在星期几才符合题意，问题相对复杂，学生一时难以理清头绪。而有了上述表格作为思维踏板，学生推演起来就容易多了，其思维过程也有迹可循。

编制这种习题的窍门是将思维难度较高的问题进行细化分解和适度铺垫，为学生提供适当的思维踏板，阐明模式，突出规律，让学生思考有方向、表达无障碍，把全部精力集中在解决此类问题的内在规律的探索和运用的过程中。

总之，编制小学数学创新习题的目的在于引导和促进学生的数学思考，实现对教学质量的更正确、合理、客观的评估。只有依据课标评价理念和教材编写意图，立足学生发展，才能编制出真正适合学生学习、促进学生发展的习题。

第35讲：定商问题：谁最高

问题："计算 2.16÷24，商的最高位在（　　）位上。"这里该填个位、十分位还是百分位呢？

答：从字面上来看，2.16÷24 的商为 0.09，也就是说商是一个纯小数，那么这个问题就转化为"纯小数的最高位是个位、十分位还是左起第一个非零数字的位置呢"？

对于这个问题，我们可以从概念含义与命题意图两个方面来进行分析。

首先，从概念含义的角度来看，小数在数的系统里不是作为一个独立的数系存在的，它只是人们为了应用方便而采用整数十进制的位值原则，把十进分数改写成不带分母的一种形式（仅对于有限小数而言）。同时规定，"几位小数"是由小数部分的位数来确定的，如：0.356 和 0.006 都是三位小数，而 0.28 和 0.08 都是两位小数。由此可见，纯小数的最高位不是个位，而是十分位。

另一种意见认为，一个纯小数从左起第一个非零数字的位置才是它的最高位。但这样一来就会与"几位小数"的规定相矛盾。比如："0.001 的最高位是千分位"，那么就不能说它是三位小数，而只能说是一位小数，这显然是错误的。

从命题设计的意图来看，这道题要检测的是小数除法中商的定位问题，而不是判断纯小数的数位。也就是说"商的最高位"是在教学"商为整数的整数除法"定商、调商时，为便于学生理解所使用的过渡性概念，目的在于确定商的左起第一个非零数字出现在哪个数位上。随着使用范围的泛化，语境也不同了，因此产生了歧义。既然如此，不如本着命题初衷，将其改为"计算 2.16÷24，商的左起第一个非零数字出现在（　　）位上"。这样既能达到检测的目的，又可避免理解上的歧义。

第36讲：用了什么律——秘密，不仅仅是交换

问题：36+57+64＝36+64+57 运用了什么运算律实现转化的？（ ）

A．加法交换律　　　B．加法结合律　　　C．加法交换律和结合律

答：很多人选择 A，认为只是运用了加法交换律。其实正确答案应该是 C，是加法交换律和加法结合律共同作用的结果。

首先，按规定没有括号并且只含有同一级运算的算式，要从左到右依次计算，也就是说 36+57+64 实际上就是（36+57）+64 的省写形式。

其次，交换律是针对二元运算而言，只是改变两个加数之间的位置，比如 a+b＝b+a。结合律是针对多元运算而言，改变的也只是运算顺序，比如（a+b）+c＝a+（b+c）。所以说要实现多元运算中的任意交换只运用交换律是完不成的。比如，（36+57）+64 要运用加法交换律，必须把 36+57 的和看成一个加数，与 64 进行交换，可以得到 64+（36+57），但不能将在这个三数连加算式中后两个加数交换位置认为是直接使用了加法交换律，也就是说 36+57+64 中的 64 与 57 不能根据加法交换律直接交换它们的位置。

第三，要使（36+57）+64 转化成（36+64）+57，实际上经历了一个加法交换律和加法结合律复合运用的过程。

方法一：
（36+57）+64
＝36+（57+64）……加法结合律
＝36+（64+57）……加法交换律
＝（36+64）+57……加法结合律

方法二：
（36+57）+64
＝64+（36+57）……加法结合律
＝（64+36）+57……加法结合律
＝（36+64）+57……加法交换律

总之，"几个数相加，可以将其中任何两个加数交换，或者将任何两

个加数结合起来先加"，这是根据加法交换律和加法结合律得出的推论，而不是加法交换律或加法结合律本身。

同理可知，形如 8×13×125 = 8×125×13 这样的变身，也不是只运用了乘法交换律，而是基于乘法交换律和乘法结合律共同得出的推论得到的。

第 37 讲：近似值 0.5 的两位小数是否包括 0.50

问题：近似值为 0.5 的两位小数是否包括 0.50？

答：结论是肯定的。近似值为 0.5 的两位小数中，最小的是 0.45，最大的是 0.54，这里面当然包括 0.50。

首先，从数学概念的本质来分析，不能混淆精确值和近似值两个概念，要准确把握近似值的概念，不能把精确值大小比较的做法套用在近似值上。

（1）对精确值而言，可以谈是否相等，如当 0.5 和 0.50 都是精确值时，可以说 0.50＝0.5，但是一般不说两个近似值是否相等，也不说近似值与精确值相等，即如果 0.5 是近似值，不论 0.50 是不是精确值，都不能说 0.50＝0.5。

（2）如果 0.5 与 0.50 都是近似值，它们的精确度和有效数字都不同，也不能根据小数性质认为它们相等。

其次，从数形结合的角度来看（如图 1），可以把这个问题转化为数轴上的点与线之分。精确值在数轴上表示的是一个点，而近似值在数轴上表示的是一段线，不同精确度的近似值在数轴上表示线段的长短也不同。也就是说当 0.5 是近似值（一条线段）时，不管 0.50 是精确值（一个点）还是近似值（比 0.5 表示的范围小的线段），都不能说与前者相等，而且一定被前者包含其中。

因此，近似值为 0.5 的两位小数的取值范围是 0.45～0.54，其中最小的是 0.45，最大的是 0.54，也就是说它是一个包括 0.50 在内的不间断的等差数列。

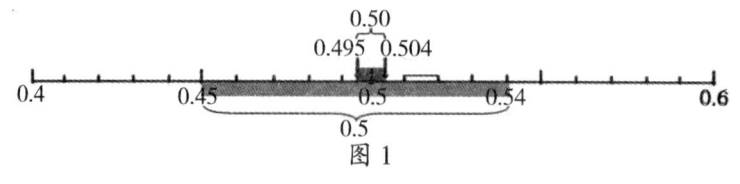

图 1

第 38 讲：48 人能排成多少种不同的矩阵

原题：由 48 人组成的体操队进行队列排练，如果要求每排人数相等，一共有几种排法？

分析：本题存在诸多歧义，很显然这道题考查的是学生找一个数所有因数的实际应用能力，但学生在解决这个实际问题时面临很多纠结之处。

（1）排成一排或一列符合题目要求吗？

有人说排成一排不符合题意（见图 2 的第一种），因为没有平均分，要求每排人数相等就至少要平均分成两排，否则无相等可言。按这种说法，排成一列自然符合题意，因为每排人数都是相等的（1人）。

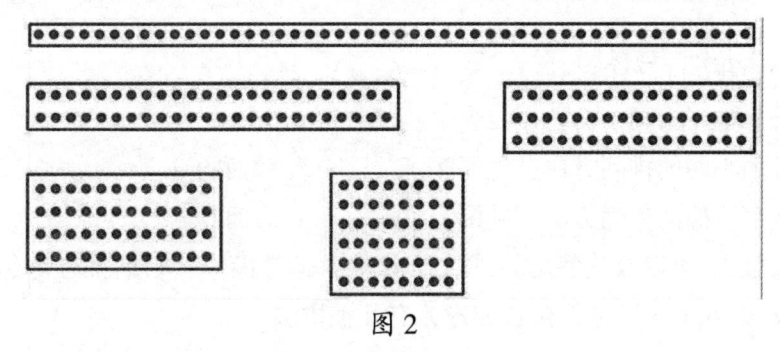

图 2

（2）朝向不同的排法算 1 种还是 2 种？

比如每排 4 人、每列 12 人和每排 12 人、每列 4 人的阵形一样吗？如果把每个人看作一个点，这两个点阵从数学的"存在性"而言，可以视为一种。但就实际的队列而言，人是有朝向的，如图 3，那么从观察者视角来看，分明是两种队形。

图3

原题虽然注意到设计问题情境，让学生应用所学知识解决实际问题或数学问题，但是题意描述不严谨，产生了歧义，给学生造成不必要困扰，从而失去了考查效度。改编、创编此题的方法很多，下面列举几种。

改题1. 可以补缺堵漏，消除歧义，渗透应用意识。如：

★五年级有48人报名参加学校"环保护绿"行动，老师让他们分成人数相等的若干小组，要求组数大于2、小于10，可以分成几组？

改题2. 可以提供不同思路，指向有序列举的。如：』★24的因数一共有8个。

小明写出了7个：1、2、3、4、6、12、24。

晓静也写出了7个：1、24、2、12、3、4、6。

按照小明的排列方法，他漏写了（   ）后面的（   ）；

按照晓静的排列方法，她漏写了（   ）后面的（   ）。

改题3. 可以改变答题方式，培养学生思考操作、归纳推理等综合能力。★用16个小正方形拼长方形，有几种拼法？

（1）画一画、填一填。

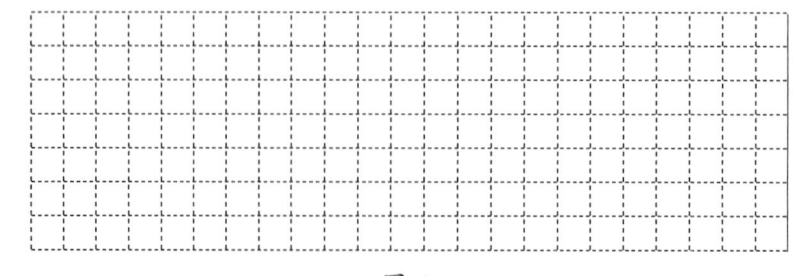

图4

16 = （　　）×（　　）
16 = （　　）×（　　）
16 = （　　）×（　　）

(2) 比一比、推一推。

观察比较上题所画图形的面积与周长，你有什么发现？（用你喜欢的方式来表示和验证你的猜想）

改题 4. 可以创设综合性强的问题情境，培养学生有序思考，有据推理，有理表达，有效建模等综合素养。一个"魔盒"藏着一个秘密 A，当输入 1 时，另一端就输出 36，输入 2 时输出 18，输入 3 则输出 12，按这样的规则，输入 6 会输出（　　）；输入 9 会输出（　　）；

如果这些自然数跟这个 A 都存在某种关系的话，你认为这个 A 表示多少？说说你的理由。

以上题目或通过补缺堵漏避开了原题因情境不当而产生的歧义，培养学生具体问题具体分析的应用意识；或以换位思考的形式明确指向找一个数的所有因数的思考过程，考查学生有序列举的意识和能力；或改变答题形式，指向学生思考操作、归纳推理等综合能力；或寓考查找一个数的所有因数的知识于"魔盒"猜数游戏之中，引导学生在找规律填数的过程中，学会有据推理，并在数学地思考和表达中，学会建模。

我们的评价要注重材料的选择，寓导于评，创新呈现方式，显化学生思维过程，提供说理空间，培养学生思维能力，做到从"知识立意"走向"素养立意"。

第39讲：数字0、1、3、8是否轴对称图形

判断题：数字0、1、3、8是轴对称图形。（ ）

数字0~9是哪些是轴对称图形？分别有几条对称轴？

分析：本题的问题在于题目既有歧义又指向模糊。歧义在于混淆抽象概念和具体图形，脱离具体形态来判断数字是否是轴对称图形。

数字是一种用来表示数的书写符号，即使具体到阿拉伯数字，要判断数字0~9是否是轴对称图形、有几条对称轴，也必须视具体的字体而定。

比如，手写体（见图1）0~9都不是轴对称图形。

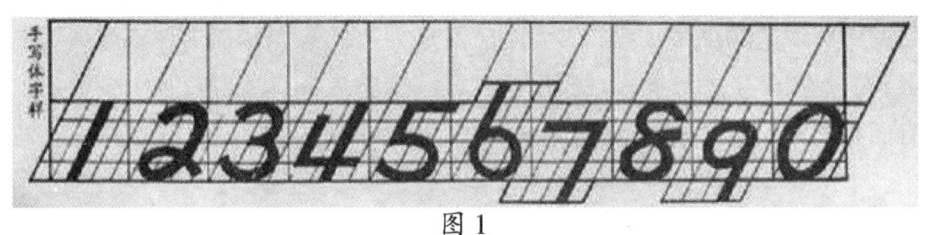

图1

又如，对等线体来说0、3、8可以看成轴对称图形（见图2）。

图2

如果是数字时钟字体（如图3），则0、1、3、8都是轴对称图形。

图3

指向模糊是因为对多个对象进行一次性捆绑判断，这种辨析的弊端在于无法有效反馈学生的具体认知情况，即使判断错误也不知道错在哪里。

改题 1. 下图数字中,哪些是轴对称图形?请在相应的括号里打 "√",并画出它所有的对称轴。

( ) ( ) ( ) ( ) ( ) ( ) ( ) ( ) ( )

改题 2. 下面图形是轴对称图形的一半,请补全这个轴对称图形,并画出它的对称轴。

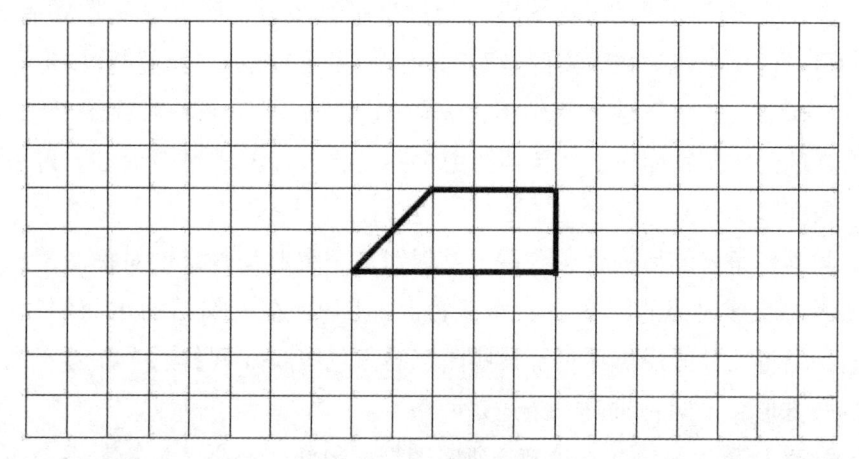

改题 1 中,相对于原题有两个方面的改进:一是提供了具体的经过标准化加工的数字时钟字体的数字,让判断有形可依,避免似是而非的非本质因素干扰学生对轴对称图形概念的理解;二是改进了答题方式,以"在对应括号中打钩并按要求操作"的形式,兼具了选择题、判断题和操作题的优点,能让学生对所有对象进行逐个辨析并具体操作,能准确反馈学生具体的认知和操作情况。

改题 2 中,其特点是易于操作又相对开放,提供方格图背景以降低操作难度,同时又留给学生充分的作图空间,引导学生打破以往只以横纵方向的直线为对称轴的思维定式,拓展思路,有助于培养学生发散思维和创新意识。

107

第40讲：天安门、五星红旗是轴对称图形吗

首先，要明确"轴对称图形"指的是平面图形，而天安门是立体的。我们可以说作为建筑物天安门是对称的，而不可以说它是轴对称图形。如果问"天安门正面形状（或给出天安门的图片）是不是轴对称图形"，则是合适的。对实物而言，"有必要把它们简化、抽象成平面图形，再来对折、研究"。

教师们争议的另一个焦点在于：判别一个图形是否是轴对称图形，要不要考虑图形内部的图案（乃至颜色）？比如：在天安门的正面图片中，左右标语不同，能说对称吗？某些国家的三色国旗（并排三个涂着不同颜色的长方形）的对称轴是一条还是两条？

（1）从数学的角度，我们只研究图形的形状、大小、位置关系，而不关注颜色等非数学因素。而且，我们关注的是"图形"，颜色本身不是图形，也不是"图形"的组成要素；或许可以说某实物中颜色的排列对称（或不对称），但不能据此说这个是（或不是）"对称图形"。由此我们认为，新版教材中用一些国家的三色国旗作为对称图形的例子不太合适，容易产生误导或徒增学生的困惑。而《教师教学用书》随赠光盘的"教学资源"中指出这些国旗都只有一条对称轴，更是误导。

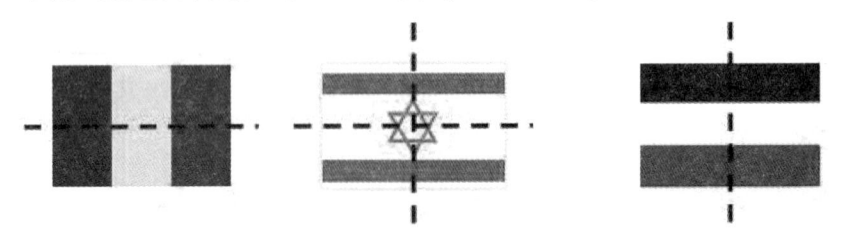

（2）我们判断是否是轴对称图形时，该图形都是经过一定数学抽象

108

的，而且主要关注的是图形的轮廓。就像《教师教学用书》中指出的：让学生观察生活中的对称现象时，要注意引导他们忽略一些无关紧要的细节，着重从图形运动的角度去观察、去思考。比如"某树叶是对称的"，其实叶脉纹理不作为考虑要素，是可以忽略的。同理，天安门正面图片可视为轴对称图形，因为其中的标语并非天安门的关键要素（没挂标语也还是天安门）。

但是，对于"五星红旗是否是轴对称图形"，这里的"五星"当然就不是"无关紧要的细节"，因而不能忽略，否则就不是五星红旗。但如此一来问题就复杂了，我们怎么能要求小学生去判断哪些图形中的图案属于应考虑的本质要素，哪些又属于不必考虑的"无关紧要的细节"呢？

所以，建议在教学或命题中要注意突出数学本质，呈现经加工的标准化图形，以避开非数学因素的不必要干扰，同时注意避免纯文字描述的"XX是不是轴对称图形"等问题（如：判断题），引导学生从数学的角度、运用恰当的方法（如：对折、完全重合等）关注图形的运动变化本身。

第41讲:"圆是特殊的扇形"这种说法对吗

这种说法是不严谨的,问题主要在于对数学概念的理解以及名称指代的分歧上。

首先,从数学定义分析,圆是指同一平面内,到定点的距离等于定长的点的集合。可见,圆指的是一条封闭曲线(即圆周);而扇形是由顶点在圆心的角的两边和这两边所截一段圆弧围成的图形(引自《几何原本》)。从"形"与"形"角度来说,即使半径为 r、圆心角等于 360° 的扇形(如图1)和半径为 r 的圆(如图2)还是有区别的,所以圆和扇形是两种不同的平面图形。

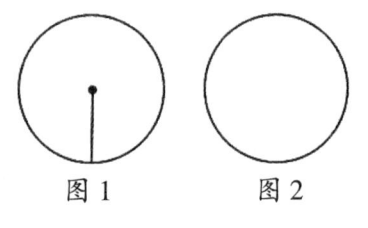

其次,从生活语言来说,中文里很多字、词常常语意双关,比如我们说的"圆"有时却是指"圆周所围成的平面"(见《现代汉语词典》),意同"圆面",如图3的涂色部分。同理,扇形也指代扇形围成的平面,意同"扇面",如图4的涂色部分。这时就变成讨论"面"与"面"之间的关系,可以说"半径为 r,圆心角等于 n° 的扇形面积是半径为 r 的圆面积的一部分",但"圆是特殊的扇形"这种说法仍然不对。因为通常扇形的圆心角大于 0° 而小于 360°,即圆心角等于 0° 和 360° 时都不再被认为是扇形,因为当量变达到一定程度就会产生质变。如图5所示,当梯形的上底长度为 0° 时,这个图形已经不再是梯形,而是三角形。

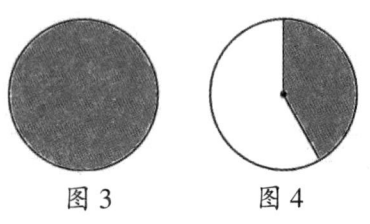

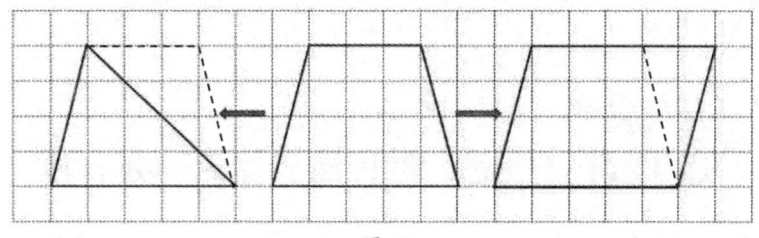

图 5

　　同样，当梯形的上底与下底长度相等时，这个图形也已经不再是梯形，而是平行四边形。也就是说，尽管三角形（或平行四边形）与梯形在某种特定条件下可以相互转化，但不能因此就说成三角形（或平行四边形）是特殊的梯形。同理，"圆是特殊的扇形"这种说法也是不恰当的。

　　综上所述，我认为"圆是特殊的扇形"说法是不严谨的，如果只是想从结构化教学的角度引导学生从"面"与"面"的角度用相互联系和发展变化的观点看待二者之间的关系，情有可原；但如果以此为由，用这样似是而非的问题去误导学生钻牛角尖，做无价值的判断辨析，则是非常不可取的。

第42讲："观"要有法，"察"亦有度

问题：一个立体图形，从正面看到的形状是 ▢▢▢▢，从左面看到的形状是 ▢▢。搭这样的立体图形，最少需要（　　）个小正方体。正确的答案是"5"还是"4"？

解答：问题的争议在于要求搭建成的这个立体图形要求至少有一个面相接，还是只要有一条棱相接即可？

对此各版本教材要求不一。有的版本教材对此有明确要求，如北师大版四年级下册数学教师教学用书在《观察物体》一课明确说明：为了降低难度，本套教科书在用正方体搭立体图形时，只考虑两个正方体之间至少有一个面重合的情况。但在课后习题的参考答案中又特别说明：练习时，为了降低难度，只要求学生能搭出正方体之间至少有一个面重合的情况。如果学生能搭出棱与棱重合的情况，只要正确，教师应予以鼓励。可见，在操作和研究时只要求"至少有一个面重合"的情况，但是并不否定"棱与棱重合"的情况，只是暂时不列入研究范围。如图1的问题中，"最少需要几个正方体"的答案是明确的，至少数是5。

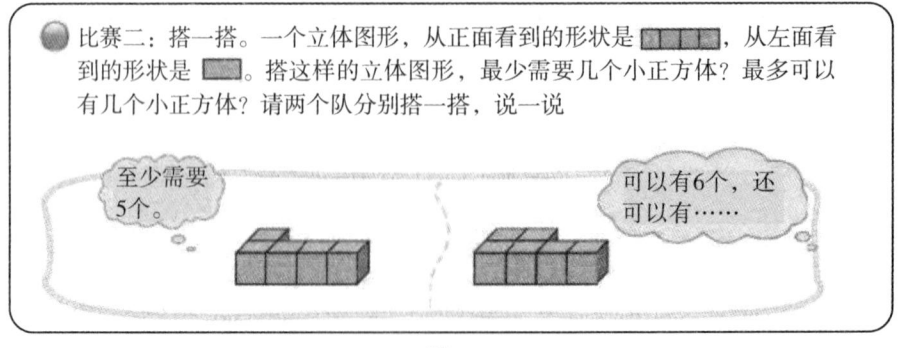

● 比赛二：搭一搭。一个立体图形，从正面看到的形状是 ▢▢▢▢，从左面看到的形状是 ▢▢。搭这样的立体图形，最少需要几个小正方体？最多可以有几个小正方体？请两个队分别搭一搭，说一说

至少需要5个。

可以有6个，还可以有……

图1

有的教材对此虽无特别说明，但其实际做法与北师大版一致。如苏教版的《观察物体》，不管在教学例题还是习题设置中都只出现"至少有一个面重合"的情况，也就是说它在小学阶段只研究"背靠背"，不研究"边靠边"。

有的教材对此没有特别说明，但却允许出现"边靠边"。如人教版五年级下册的《观察物体（三）》中无明确说明，但从教科书的习题设置和教师教学用书提供的参考教学设计来看，并不排除"棱与棱重合"的情况，这样一来虽然保证了结论的严谨性，但是学生操作和研究时因情况更加复杂多样而增加了难度。

如：用 4 个同样的小正方体搭建成一个从正面看是 ▢▢▢ 的图形，一共有多少种不同的摆法？如果只研究"至少有一个面重合"的情况有 8 种，分别是：

如果考虑"棱与棱重合"的情况，则远不止 8 种（如图 2 所示）。虽然可以让学有余力的学生通过分类思考和操作验证列举出所有摆法，以帮助学生提升有序思考的能力，但难度之大可想而知，只摆一层尚且如此，何况两层（如"如果从正面看到的是 ▢▢▢，用 5 个小正方体可以摆多少种"）。所以，人教版教材对这类题目只要求学生探索可以怎么摆，而不是要求他们去琢磨一共有多少种不同的摆法。人教版只选择了一个简单的图形，让学生探索"用 5 个小正方体摆出一个从正面看是 ▢▢ 的立体图形，可以摆多少种"，一来让学生在探索交流中体会摆法的不确定性，二来可以培养学生的分类思考

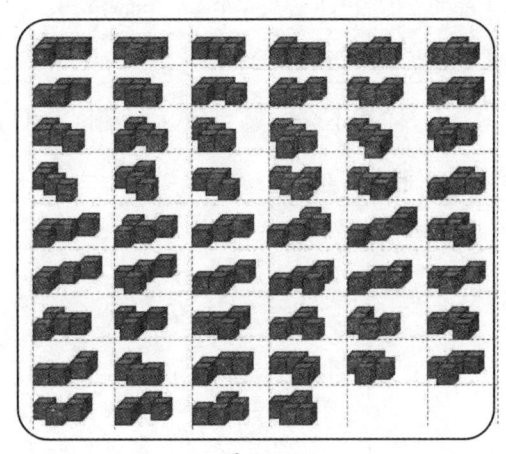

图 2

和有序列举能力。所以，人教版教材在这个内容的教学定位只是：能根据给出的从一个方向看到的形状图，用给定数量的小正方体摆出相应的几何组合体，让学生体会可能有不同的摆法。

综上所述，第二学段"观察物体"的教学重在引导学生进行必要的直观思考和想象。特别是由物体想象相应的视图，或由视图想象实物的形状，使学生在实物与视图的相互转换中不断接受不同层次数学思考的挑战，感受用三个方向的视图描述物体形状的必要性和合理性，发展空间观念和直观推理能力。

因此，命题时一定要把握好考查的内容指向，重在考查"根据从一个方向看到的形状图，用给定数量的小正方体摆出相应的几何组合体，可以怎么摆"，而不去考"一共能摆出多少种"。如果为了考查学生的分类思考和有序列举能力，也要说清前提，明确题意。如下题所示：

> 一个立体图形从正面看到的是 ▯▯▯，从左面看到的是 ▯▯，搭成一个这样的立体图形（要求至少有一个面相接），最少需要（　　）个小正方体，最多需要（　　）个小正方体。

这样就不会因题目歧义而偏离我们的考查目标。

第43讲：从"3红1黄"中任意摸出一球，可能出现几种结果

原题：一个盒子里放着1个黄球、3个红球，从中任意摸出一个球，可能出现（　）种结果，分别是（　）球和（　）球。摸到（　）球的可能性大，摸到（　）球的可能性小。

疑义：学生对"可能出现几种结果"的理解会出现分歧。第一个空有人认为问的是"几种色球"，所以填"2"；有人认为问的是"几种等可能事件"，所以填"4"。

分析：其实，按概率的古典定义，用列举法计算事件发生的可能性大小有两个前提条件，一是可能出现的情况是有限的，二是可能出现的情况是等可能性的。按这种定义，该题可能出现的情况有4种，分别是1黄3红，但小学生没有学过古典概型，所以学生可以从颜色的种数来回答：黄色和红色2种。从题目的前后问句的联系来看，更容易引起学生的联想问的是几种颜色。我认为这是题目本身的问题，问题指向不明，造成结果相对开放，回答4种和2种都不应扣分。因为都不影响学生对随机事件发生的可能性大小的理解，前者理解为4个球，分别是"黄，红1，红2，红3"，如果任意摸出1球，摸到每个球的可能性均等，都是$\frac{1}{4}$；后者理解为共有2种色球，分别为黄球和红球，如果任意摸出1球，摸到两种色球的可能性不相等，摸到黄球的可能性是$\frac{1}{4}$，摸到红球的可能性是$\frac{3}{4}$。

问题在于题目只问结果，无法呈现学生的思维过程和对结果的解释。《义务教育数学课程标准（2011年版）》（下文简称《课标》）已经明确

115

第二学段只要求对事件发生的可能性大小做定性描述，不要求定量分析，定量分析已经移到第三学段。《课标》还特别在附录2（课程内容及实施建议中的实例）的例40中说明：借助学生感兴趣的摸球游戏，使学生体会到数据的随机性。一方面，每次摸出的球的颜色可能是不一样的，事先无法确定；另一方面，有放回重复摸多次的可能性（摸完后将球放回袋中，摇晃均匀后再摸），就能发现一些规律。根据学生的不同学段，可以设计如下层次。

（1）适合于第二学段。通过摸球，学生发现每次摸出的球的颜色不确定，初步感受数据的随机性。进一步通过统计摸出红球和白球的数量，可以估计袋中是白球多还是红球多。在不确定的基础上，体会规律性。

（2）适合于第三学段。在（1）的基础上，学生可以估计袋中白球数量和红球数量的比，进一步体会规律性。教师可以进一步鼓励学生思考，给出了袋中两种颜色球的总数，如何估计白球和红球各自的数量。

可见上述试题没有准确把握第二学段"可能性"教学内容的学段要求，致使表述模糊、指向不明而偏离了原有的考查目标。

改题1. 一个盒子里放着1个黄球、3个红球，从中任意摸出一个球，可能摸到什么颜色的球？摸到什么颜色球的可能性大，摸到什么颜色球的可能性小？

改题2. 小晴玩摸球游戏，每次从盒子里任意摸出一个球后放回摇匀，重复10次，摸球的结果记录如下图。如果再摸一次，摸到（　　）球的可能性比较大。

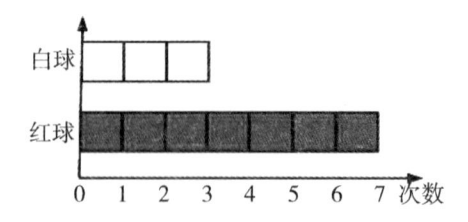

分析：第1题以解答题的形式考查学生能否在具体情境中结合实例对一些简单的随机现象发生的可能性大小做出定性描述。且问题直接指向学生对可能性大小的理解，而不去纠结几种，这样既避开原题问法的模棱两

可，又留给学生列举简单的随机现象中所有可能发生的结果的空间。

第 2 题数形结合的形式考查学生能否通过统计和比较摸到红球和白球的数量，对盒子里球的情况进行估计，进而在此基础上对再一次摸球结果进行预测，以期达成培养学生数据分析观念的目的。

这两道题目与原题相比，量标清楚、难易适度，符合课标对该学段内容的评价要求，让学生初步体验和感受随机现象，能够结合具体的问题情境定性描述简单事件发生的可能性大小，能运用数据分析来体会随机性，并强调对可能性大小的理解，而不要求学生从定量分析的层面计算出可能性的具体大小。

第 44 讲：增强"六性"，还作业可爱的模样

——"双减"背景下的习题设计与思考

随着国家的"双减"政策落地，如何把学生的过量作业的"量"减下去，把作业的"质"提上去，是摆在广大教师面前的一大课题。下面我以"梯形的认识"为例谈谈如何把握作业的针对性、适切性、开放性，增强作业的趣味性、层次性、选择性，做到分层有序、精练有度。

【目标分析】

认识梯形及特殊（直角、等腰）梯形的特征是建立在同一平面的两条直线的特殊位置关系（平行与垂直）的基础上，所以学生是否理解平行与垂直是前提；平行四边形是认识梯形的重要参照物，要重视梯形与平行四边形的联系与区别；本单元重点是认识平行四边形、梯形、正方形、长方形之间的关系，应注意通过分类、比较、归纳等多种方式，建立起对简单平面图形的结构化认知。

【题例说明】

一、增强作业的针对性和适切性

对基础知识和基本技能的考查，要注重考查学生对其中所蕴含的数学本质的理解。首先，要把握练习的针对性。梯形的本质特征就是只有一组对边平行的四边形，学生对同一平面的两条线段平行与否的理解是关键。其次，要把握练习的适切性。课标对梯形的认识的认知要求是"理解"，即能描述和根据梯形的特征进行直观辨析，并能阐述梯形与平行四边形等相关对象之间的联系与区别。不可因过多拓展而过度拔高对学生的学习要求。

题 1：图 1 所示都是由两张纸随意交叉摆放叠成的，（　　）的重叠部

分是梯形。

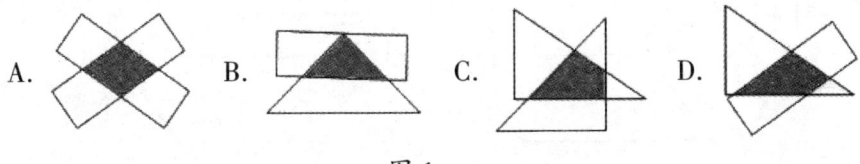

A.   B.   C.   D.

图 1

设计意图：本题利用将两个图形重叠的这个常见场景，以静示动，要求学生判断重叠部分的形状是什么图形，要求学生根据梯形的特征进行直观辨析，渗透有据推理的意识。

题2：如图2所示，在一张方格纸上画了五个图形，其中是梯形的有（　　）。

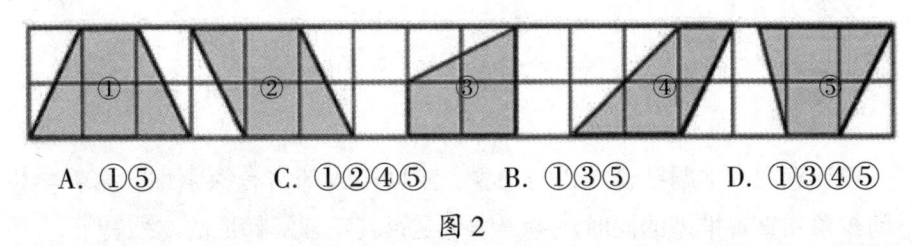

A. ①⑤   C. ①②④⑤   B. ①③⑤   D. ①③④⑤

图 2

设计意图：本题的五个图形都是学生对梯形认知的典型样本，图①⑤是比较中规中矩的标准位图，其他三个图形都是针对学生学习过程中存在的易错易混的认知偏差设计的常见而典型的样本，这样的习题可以考查出学生是否真正把握梯形概念的本质内涵。

二、增强作业的趣味性和开放性

兴趣是最好的老师，学生一旦对某事物有了浓厚的兴趣，就会主动去求知、去探索、去实践，并乐在其中。所以要重视作业的趣味性，努力增强问题的情境、问题的呈现方式、问题的解答方式乃至问题本身的趣味性。另外，为了培养学生的创造意识和灵活解决问题能力，教师可以根据题目特点和考查目的合理设计开放性的题型来发散学生的思维，同时给不同层次的学生创设一次自主探究、自我展示的空间，从而激发学生的学习兴趣，促进学生思维的灵活性和深刻性发展。

题3：按要求操作，并回答问题（见图3、图4）。

（1）在一个平行四边形卡片上剪一刀，使剪出的其中一个图形是梯

119

形，剩下的另一个图形可能是什么图形？在下图中画出你的剪法（至少画出两种不同剪法）。

图 3

（2）在下面每个三角形卡片上各剪一刀，使剪出的其中一个图形都是梯形，剩下的另一个图形可能是什么图形？在图中画出你的剪法。

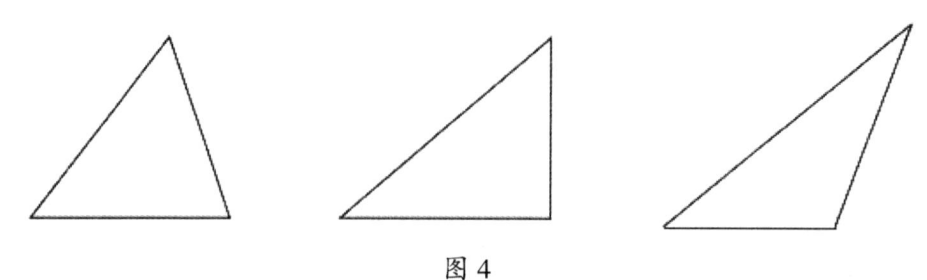

图 4

设计意图：本题结合操作与想象，难度不大却富有探索性，培养学生空间想象和直观推理的同时，考查学生是否真正理解梯形的本质特征。

题4：图5上已画出梯形 ABCD 的三个顶点和两条边，请你标出第4个顶点并将梯形补全。（至少要画出四种不同形状的梯形）

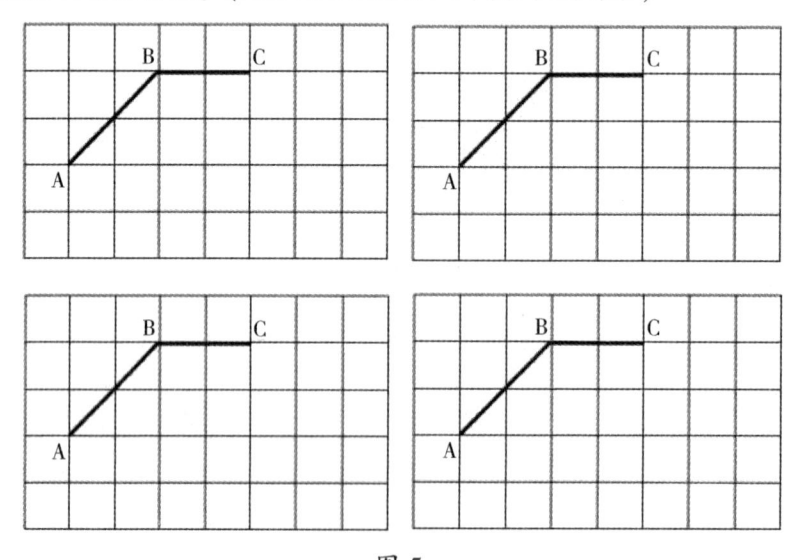

图 5

设计意图：本题提供了方格图为思维工具，考查学生能否以水平方向的线段 BC 为底，过 A 点做 BC 的平行线，取线上一个 D 点，使 AD 大于或小于 BC，形成相对标准位图的梯形 ABCD。还考查学生会不会打破思维定式用斜线 AB 为底，过 C 点做 AB 的平行线，取线上一个 D 点，使 CD 大于或小于 AB，形成非常规位图的梯形 ABCD。

三、增强作业的层次性、选择性

学生的差异是客观存在的，根据因材施教的育人原则，教师要结合课程标准、教学内容和学生能力差异，设计不同层次、适合不同程度学生的作业，比如设置必做题和选做题，增强作业的弹性选择，一些难度较大的任务，允许程度较差的学生不必完成。

比如，本文中题 1、题 3、题 5 就属于比较基础的题目，可作为必做题；题 2、题 4、题 6 相对综合或开放，可以设为选做题。

题 5：在图 6 中画出三个不同的梯形，分别标出它们的上底、下底和高。

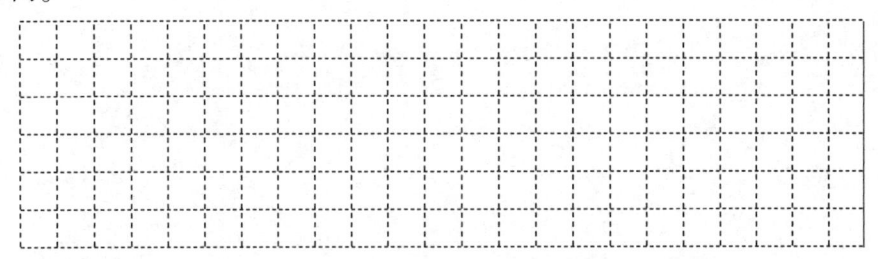

图 6

题 6：按要求选择（可以不只填写一个选项），并说明理由。

A. 它是一个四边形　　　　B. 它有四个角

C. 它最多有两个锐角　　　D. 它只有一组对边平行

上面信息中，选项（　　）能够确定这个图形是梯形，

因为：_____

设计意图：本题组设置基本题与提高题，题 5 根据梯形特征画出任意梯形，并标画出它的高，是本课的基本要求，可以作为必做题，要求人人过关。题 6 要求选择必要的条件来确定该图形是梯形，并说明理由。本题

相对开放且要求推理表达，难度较大，可设为选做题，让力所能及的学生来完成。

总之，"双减"背景下对作业的设计与优化的要求更高，在减负方面要减掉的是过量、低效的机械重复性作业，在提质方面要增强"六性"，减去的是粗制的烂题，提高的是孩子的能力，精制优选，科学布置，还作业可爱的模样，让作业成为孩子学习和成长道路上必不可少的助推器。

教研拾遗

第45讲：小学数学疑难问题的成因及解决策略

传统内容的处理方式遇上理念上的变化，对小学数学教师的素养提出了新的挑战，许多教学疑难问题也因此"应运而生"。我们进行广泛征集和深入探讨，发现有很大一部分疑难问题是由于教师的数学本体性知识缺失以及对数学学科的特性认识不足而造成的。

一、关注数学知识的抽象性，把握好直观与抽象之间的关系

抽象是数学的特点，数学抽象是简约而理想化的，所以当事物经过数学抽象的符号化表示后，得到的数学概念与现实原型未必完全符合。当你忽视了数学抽象的特点，以具体代替抽象，以形式代替本质来理解和判断时，就会走入误区。

1. 谨防具体代替抽象

数学抽象舍弃了现实对象的所有具体性质而只保留量的关系和空间形式，即只着眼于事物存在的数量关系和空间形式。所以经过数学抽象的符号化表征与具体事物还是存在本质的区别。

问题1：线段的对称轴是1条还是2条？

简析：线段的对称轴是1条（如图1）。因为点、线、面是几何中高度抽象化的、不加定义的原始概念，点无大小，线无粗细，面无厚薄。即在几何线的概念中舍弃了所有性质，只留下在一定方向上的伸长。如图2，画出2条对称轴显然是被所画线有粗细所迷惑，忘了它表征的抽象对象是没有粗细的，所以不存在横贯线段中间的这条对称轴。

图 1　　　　　　　　图 2

2. 谨防形式代替本质

数学符号是数学的语言，具有一定的抽象性、简约性和明确性。所以每个符号以及由符号组成的关系式的表征细节和定义前提都是表示内涵的重要部分。切不可忽视具体表征细节或定义前提，断章取义地以形式代替本质来误读数学概念或关系。

问题2：圆的直径一定时，周长和圆周率成正比例。正方体的体积一定时，它的底面积和高成反比例。这样说对吗？

简析：这两个推论都是错误的。虽然从形式上看，正比例的关系式是：$xy=k$（一定），反比例的关系式是：$\dfrac{x}{y}=k$（一定）。但是两个量是否成比例的前提之一是：两个量都必须是变化的量。周长和圆周率虽然是两种相关联的量，但一种量（周长）变化时，另一种量（圆周率）不会随之变化。按问题中所述，$\dfrac{C}{\pi}=d$（一定），因为圆周率 π 是一个定值，这时周 C 也只能是一个定值，不存在"变化"，也不存在"成不成比例"。同理，$V_{正}=a^3$，$V_{正}$ 一定时，a 也是定量，那么 a^2、a^3 也都是定量，所以也不存在"成不成比例"说法。

教师应当对变量、函数的数学意义有深入的理解，引导自己的数学思维从静态向动态发展。

二、关注数学知识的整体性，把握好阶段与整体之间的关系

数学作为科学具有相对严密、完整的知识体系，但作为教育学科却要根据学段年级以及对象的认知发展规律制定相应的阶段目标。因此，只有把握整体认识和阶段定位之间的关系，才能做到既不超越阶段，又不囿于阶段以管窥天，为将来的学习发展留有余地。

1. 避免整体苛求阶段

不同学段孩子有不同的年龄特点和认知规律，小学数学的范畴中对于

同一个内容、分阶段教学目标定位理应有所区别，教师应瞻前顾后研读教材，理解教材的编排特点，准确把握不同学段和课时目标教学的度，避免超越阶段拔高要求，还要避免限制学生进一步学习发展的空间。

问题3：数图形时，"哪些是角"该如何计算？

简析：争议的焦点一是平角、周角以及介于二者之间的"优角"要不要计入；二是只计"图形内"的角，还是图形"内""外"的角都要计入。

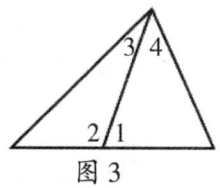

首先，"从一个顶点引出两条射线，就组成一个角"已经明确角的组成部分。但根据学生的年龄特征，对不同度数的角，教材要求的程度是不同。二年级教材中介绍了直角、锐角、钝角，在数角时应只限大于0°度而小于180°的角。图3中角3和角4合起来算一个新的角，角1和角2合起来的平角先不要算。到了四年级，教材中讲到了平角、周角等知识，则可以将图3中角1和角2组合而成的平角计入。到了中学，对角的认识还会继续拓展到任意角（正角、负角、零度角）。

又如配套练习中出现的习题如下：

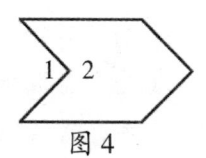

图4中有争议的是角1和角2要算哪一个，角1是钝角，但却在"图形外"；角2是在"图形内"，却是小学阶段没介绍的优角。

从教学参考书给出的答案中，可以看出其并不区分"图形内""图形外"，这样的定位是合适的。一个图形的归类应当由其结构特征所确定，而与其所在的位置无关。例如一个正方形，无论它在其他图形内还是外，都改变不了它是一个正方形的事实。因此，在对相应年级的小学生讲解角的时候，还是应当根据所要判断的图形自身的特征，并结合学生对角的认识的发展水平来确定。有了这样的明确标准，这类问题的争议就可以得到解决。

2. 避免片面臆测整体

德国数学家斯泰因梅茨认为：所有的数学真理都是相对的、有条件的。数学发展的三次危机和重构已经证明了这一点，每一次跨越都是由一种"旧真理"的打破和"新真理"的重建来实现。所以我们在数学教学时要树立辩证发展的数学观，既不能割裂部分与整体的联系，也不能机械地将阶段片面的结论生搬硬套到整体数学学习内容上。

问题4：直线比射线长，直线比线段长。这两句话对吗？

简析：这两句话都不对，主要是混淆了有限与无限的区别，以有限臆测无限。数学中的有限与无限既有联系又有区别，其质的区别主要有：一是无限集合中"部分可以等于整体"；二是"有限"情况成立的许多命题，对于"无限"情况不再成立。

这两个命题都涉及"无限"，所以不能机械地以"有限"的眼光来判断。首先，有限长才有长度，才可比长短。而直线和射线都是无限长的，不存在谁长谁短的问题。其次，比长短要有确定长度，直线可无限延伸属于无限的量，线段在未确定长度之前也是"无限的量"（如不存在最长的线段），所以直线与未确定的线段之间也是无法比较长短的。

三、关注数学知识的应用性，把握好生活与数学之间的关系

数学源于生活，高于生活，又应用于生活。所以要理性地看待数学与生活之间的联系，既不能盲目地将数学等同于生活，将生活中习以为常的俗称俚语当作科学严谨的数学概念来误用，又不能将数学游离于生活现实背景之外，断章取义，生搬硬套。

1. 勿将数学等同于生活

数学概念多源于生活语言，但是有些数学概念经数学上重新定义后，其意义存在差异甚至截然不同。例如，生活中的高具有"铅垂效应"，单指竖直方向的顶点到某个水平方向的平面的距离，而数学概念中的高不以方向为判断要素。所以，切不可因数学与生活的密切联系而简单地将数学等同于生活。

问题5：质量与重量，路程与距离，有区别吗？

简析：从科学定义严谨来说，两者有区别。

质量和重量是完全不同的两个物理量，区别如下：（1）定义不同。质量是物体惯性的量度，它是任何物体都固有的一种属性。重量则反映了物体所受重力的大小。（2）质量是标量，重量是矢量。（3）牛顿力学中的质

量是一个恒量,重量则随物体所处的纬度和高度的不同而变化。(4)在国际单位制里,质量的单位是千克,重量的单位是牛顿。

在生活和学习中,我们常常遇到对"质量"和"重量"两种说法混淆的情况,学生还没有了解到更多关于力学的知识,所以教材上尽量不使用"重量"这个说法,而使用"质量"及相应的克、千克、吨等质量单位来计量。

同样,路程与距离也是有区别的。(1)距离是描述空间不同位置两点间的数学量或者物理量。如果距离不与物体相关联,那么这个距离就不是路程。(2)现实中,距离是最短的路程,路程不一定等于距离。(3)如果路程是对运动体而言的,那么距离就是对静止体而言的。因此,没有运动也就没有路程。出于学生认知的限制,设计题目时要注意不要太苛求。

2. 勿将数学游离于现实

数学知识的现实性不容忽视,很多数学问题都隐含有具体的现实背景,一旦脱离了现实背景这个前提,就会对一些数学问题产生误识。这种脱离了现实背景,以纯粹代替指定的误识常见于概率问题。

问题6:如何让学生理解"世界上每天都有人出生"等生活中的可能性事件?

简析:上述问题必须基于数学应用与客观现实来理解。这里所说的"一定""不可能""可能"是概率论中的术语,是指当我们多次观察自然现象和社会现象后,会发现在一定的条件下,许多事情必然会发生,许多事情必然不会发生,还有许多事情是可能发生的。所以,我们讨论的事件一般指的是客观事件,同时又是在我们经验范围内发生的事件。如学生提出的"如果太阳系爆炸了,地球每天都在转动"这句话就不是一定的,属于超出人类认识经验的说法,教师应予以正确引导。又如,"世界上每天都有人出生"是一定的。这样的事件超出了学生的认识范围,教师如可以通过本地区或全国、全世界每天有多少婴儿出生的数据使学生认识到世界上每天一定有人出生。

实践证明,这些超越小学生认识经验的客观事件对于他们来说理解有困难,所以修订版教材先选取了一些学生熟悉的、操作性强的生活情境作

127

为教学素材，让学生经历可能性知识的形成过程，丰富对不确定现象的体验，初步了解现实世界中存在着的不确定现象。将这些问题放在"生活中的数学"中，一方面可以加深学生对所学数学知识的理解，另一方面也使他们感受到可能性知识与生活的联系，以培养学生的应用意识。

综上所述，很多数学教学疑难问题是由于对数学知识的抽象性、整体性和应用性认识不足造成的，教师只有认真研读教材，提升自身素养，把握好直观与抽象、阶段与整体、生活与数学之间的辩证关系，才能悠然地撑"理性"之篙，向数学疑难更深处漫溯。

第46讲：一举两得，简单背后见深刻

——"分数的简单应用"教学例谈

与实验版相比，修订版教材更加符合课标的理念要求，注重数学的教育价值，教材的结构更为合理，符合学生的认知学习规律。特别是其中有些看似简单的变化，实际背后隐含编者的深刻用意。比如三年级上册"分数的初步认识"单元增加了"分数的简单应用"。这一简单的变化同时弥补了原教材的不足，认识分数的内容衔接上缺乏整体感和解决问题的整体编排上缺乏系统性，可谓一举两得。

一、整体认识，在直观操作中拓展对分数意义的认识

由一个物体或一个图形的几分之一扩展到一个整体的几分之一是认识分数的一次飞跃，所以要讲究拓展的时机和联结方式。

1. 趁热打铁，及时将"1"从一个拓展为一些，让学生初步认识分数时更有整体感。

人教版实验教材原来在三年级上册先只让学生通过操作活动，初步认识把一个物体、一个图形看作整体平均分成若干份，其中一份或几份可以用分数表示。到了五年级下册正式学习分数的意义时，才安排进一步认识分数，拓展为可以把一个或一些物体看作整体平均分成若干份，其中的一份或几份也可以用分数表示。这种安排整体性不够强，中间间隔时间过长，有种割裂感。所以新教材在学生认识把一个物体、一个图形看作整体平均分成若干份，其中的一份或几份可以用分数表示后，及时拓展，利用直观操作，发现把一张纸剪开成4个小正方形，也可以用分数来表示。这种利用视觉暂留效应，让学生经历基于同一事实、不同观察角度的两次操作对比，直观地理解了分"一个物体"和分"一些物体"的相同实质

129

——把一个整体进行平均分,水到渠成地将"1"从一个物体拓展为一些物体(一个整体),为后面正式教学分数的意义建立"1"的概念做好充分铺垫。

教学时要注意创设"同一分数,不同表征"的对比情境,让学生在借助直观模型的情况下,发现这些几分之一的共性,进一步理解分数的含义,并紧紧抓住"都是把一个整体拿去分"的实质作为桥梁完成跃迁拓展。比如:六一儿童节快到了,慢羊羊想办一个美术展览,让喜羊羊、美羊羊、懒羊羊、沸羊羊四人负责一块正方形展板。

美羊羊:为公平起见,我们每人负责完成其中的$\frac{1}{4}$。

沸羊羊:把这块展板平均分成四份,我们每人要完成其中的一份;

喜羊羊:这块展板里贴了四张大小一样的小正方形纸张,我们每人刚好只要完成其中的一张。

懒羊羊:原来这样也可以用$\frac{1}{4}$表示。

创设这种情境的目的是把"从分一个物体到分一些物体"这分数的意义的两种不同表征巧妙而自然连接沟通,这种连接越成功,迁移的效果就会越好。

2. 联系生活,抓住部分和整体的关系,借助直观模型帮助学生进一步理解分数的意义。

"分数的简单应用"虽然意在将"1"从一个物体拓展为一些(一个整体),但基于学生认知难度上的考虑——理解一个物体的几分之一并不难,理解一个整体的几分之一就不容易了。它的定位仍然在借助直观和立足部分与整体关系的基础上帮助学生进一步理解分数的意义。部分与整体之间的关系是认识分数的一个重要基础,虽然它会受前面的整数知识影响,在学习假分数和带分数时产生"部分不大于整体"这样的负迁移。分数的多种含义中,部分与整体关系的这层含义还是学生比较容易理解和接受的。

新教材从例题到练习,安排了从分具体的实物到分抽象的图形,从分有形的集合到分无形的集合，从单纯的表示到会操作运用，设计了看一看、填一填、涂一涂、分一分、摆一摆、拿一拿等一系列有层次的操作活动，帮助学生借助生活经验和直观模型，通过部分与整体之间的关系进一步理解和认识分数。

在教学中应强调把什么看成一个整体拿去分，表示这样的一份或几份是多少，特别是几分之一的表述，为将来正式学习分数的意义时建立单位"1"和分数单位的概念打下坚实基础。

比如可先创境如下：通过大家的努力，画展终于如期举行，为表彰大家，慢羊羊拿出6块麦香馅饼奖励给做得最好的两组（见图1）。喜羊羊这组表现最好，获得其中的2/3，贪吃的懒羊羊已经等不及了，请你分一分，涂一涂，喜羊羊组会拿到多少块馅饼？

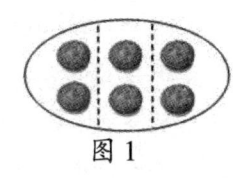

图1

接着再抛出游园闯关活动，引导学生循序渐进的经历并完成一系列从具体到抽象层次渐进的直观操作活动，让学生在各种"分"和"数"的活动中学会用数学语言描述动作过程和结果，逐步加深对分数意义的理解，丰富分数意义的内涵。

二、系统安排，在解决问题中深化对分数的意义的认识

新教材的重大变化就是系统处理"解决问题"的编排思路，在每个单元都安排了"解决问题"，使学生逐步积累用数学解决问题的经验，把解决问题贯穿于获取知识和应用知识的全过程。

1. 合理把握课时目标的定位，引导学生利用分数的含义，结合整数除法计算，灵活解决问题。

沿袭解决问题的编排思路，在"分数的初步认识"单元里增加"分数的简单应用"一课，其主要意图正是应用分数的意义解决简单的实际问题，通过这些问题的解决，进一步理解什么是一个整体的几分之一。

本课除了在教学程序上要注意延续解决问题教学的三部曲（"阅读与理解""分析与解答""回顾与反思"）外，还要特别注意本课解决问题的前提是利用分数的含义，借助直观图进行分析，应用整数除法计算解决问题。在理解分数意义的基础上，使学生学会根据分数的意义解决简单的

有关分数的实际问题，培养解决问题的意识。

2. 重视解决问题策略的多样化引导，利用多元表征之间的灵活转换来帮助学生更好地理解概念，掌握解决问题的方法和策略。

根据"多元表征理论"，概念教学可以通过符号表征、语言表征、操作表征、图形表征等多种不同的表征形式，引导学生建立充分联系，并能根据需要做出灵活转换，从而帮助学生在多元表征之间的转换中更好地理解概念。

在"分数的简单应用"的教学中，应重视引导学生抓住题中的数量关系，从分析分数的具体含义入手，组织推理，并给学生充分交流思考的机会。无论是操作实物还是列式计算都要先把12平均分成3份（即12÷3 = 4），再求这样的2份是多少（即4×2 = 8）。教学时，不能只注重列式计算，要关注解决问题的策略和方法，让学生借助几何直观分析与解决问题，通过形象思维体会算法，感悟数形结合思想的重要性。不能过分追求抽象的理性分析，要联系分数的具体含义体会算法。在"分析与解答"时要求学生做到先"分"再"算"，分的时候思考比较具体形象，算的思路比较抽象。先"分"后"算"能突出思考过程，再次帮助学生理解算理。

例：演出的第一个节目是由12只羊组成的队列表演，其中$\frac{1}{3}$是山羊，$\frac{2}{3}$是绵羊。问山羊、绵羊各有多少只？

阅读与理解：知道了什么信息？

分析与解答：怎样求山羊的只数？怎样求绵羊的只数？

说一说：因为$\frac{1}{3}$是山羊，要求山羊的只数就要把12平均分成3份，求出1份是多少。$\frac{2}{3}$是绵羊……

分一分：拿出12个圆片分一分，数一数（见图2）。

画一画：

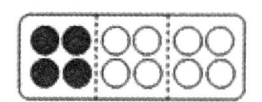

图 2

算一算：12÷3＝4（只）　　4×2＝8（只）

……

回顾与反思：回顾一下解答的过程。

这部分既要注意延续解决问题三个基本步骤，同时还要引导学生根据分数的意义来解决问题，特别在"分析与解答"环节重在让学生充分地边操作边说理，通过多元表征之间的灵活转换来理解算理。

总之，新教材在经过十年试验的基础上集思广益、反复推敲修订而成，只有系统、深入地了解其编写意图，看清简单背后的不简单，才能够更好地把握它的教学尺度。

第47讲：核心素养视域下的小学数学命题指向

课程改革进入核心素养时代，如何在质量监测中予以评价与落实成为老师们关注的问题。根据2011年版的数学课程标准评价建议，我从抓住认知难点，关注本质辨析；转换问题视点，关注过程体验；找准思维支点，关注能力发展等三个视角尝试创新、寻求突破，提出了核心素养视域下的小学数学命题设计与研发策略，力求充分发挥质量监测的评价导向功能，促进学生核心素养的提升。

数学学科核心素养主要指学习者在数学学习过程应达成的综合性能力，《义务教育数学课程标准（2011年版）》（以下简称《课标》）中提出的十个核心词总体上反映了对学生数学素养的基本要求。"有效的教学始于准确地知道需要达到的目标。"从学科本质来说，教学中关注学生的核心素养，就是要把上述基本要求予以落实。

作为引导课堂教学的风向标，教学质量监测的命题导向至关重要。在核心素养视域下，一个好的监测工具，必须能引领师生去把握学科本质、关注学习过程、发展关键能力，最终促进学生核心素养的提升。要达到这样的目的，设计试题时就要贯彻《课标》关于"合理设计与实施书面测验"的建议，从试题的立意、考查目标的确定、题目的功能与类型等方面入手，着力体现十大核心词。以下就结合我参与命题改革的研究与实践，谈谈自己在这方面的一些做法和体会。

一、抓住认知难点，关注本质辨析

《课标》评价建议中指出，要注重考查学生对基础知识和基本技能中所蕴含的数学本质的理解以及能否在具体情境中合理应用。命题设计要针对教学过程中发现的典型问题及孩子的认知难点，在比较和辨析中凸显对概念的本质理解。

(一) 典型选取，变式呈现

对于容易受知识或操作的呈现形式干扰的理解性认知难点，考查时可以根据常见认知误区，进行典型选取、变式呈现，使概念的本质属性保持不变，而非本质属性不断变化。引导学生在变与不变的辨析中聚焦概念的本质内涵。

例1. 如图1，在一张方格纸上画了五个图形，其中是梯形的有（　　　）。

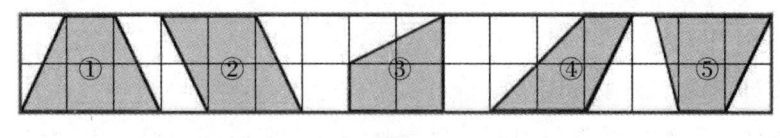

图 1

A. ①⑤　　　　B. ①③⑤　　　C. ①②④⑤　　　D. ①③④⑤

设计意图：本题针对学生认知难点设置了常见而典型的选项，旨在考查学生对梯形概念的本质理解。认识梯形时，教材的范例通常多是出示如图中①⑤这样比较"中规中矩"的标准位图，其优点是标准位图的特征明显，易于学生建立基本表象。其弊端是易以偏概全，产生只有标准位图才是概念本质特征的错觉。这样的命题可以反映出学生对梯形概念的内涵——"只有一组对边平行的四边形"的本质把握。

例2. 图2中量的这个角的度数是（　　　）。

A. 50°　　　　　B. 80°

C. 100°　　　　D. 130°

图 2

设计意图：本题设置量角器非起点测量的变式情境，打破以往过于强调操作形式上的机械规范，意在考查学生对角的度量的本质理解。一来考查学生思维的深刻性，角的度量和长度度量、面积度量、质量度量等其他度量实质一样，都是用统一的计量标准进行测量，都是"基本量"的累加。二来考查学生思维的灵活性，只要计算测量所得的终点数据和起点数据之差即可得到所测量的角的度数。

(二) 针对疑难，比较辨析

对于意思相近似、内容相关联的容易混淆的数学概念，考查时应根据易混概念之间的特点组织合适的材料，精准设问质疑，引导学生聚焦核心问题，深刻把握它们之间的内在联系和本质区别。

例3. 下面直线上( )箭头所指的位置离 $\frac{3}{4}$ 这个数最近。

　　|　　　　|　　　　　　|　　|
　　A　　　B　　　　　　C　　D

例4. 图两张纸条从信封里露出同样长的一部分，A纸条露出了 $\frac{1}{3}$，B纸条露出了 $\frac{1}{4}$，( )。

1. A与B一样长　　　B. A比B长
C. B比A长　　　　D. 无法比较

图3

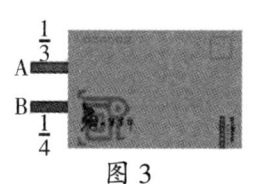

设计意图：例3利用数轴特点，考查学生分数也是数的这一特质，作为数来说，每个分数都可以在数轴上找到与它对应的位置，由"份数"定义到"商"的定义，使学生从数系扩充的高度认识分数。本题易与"把一根线段平均分成4份，表示其中的3份"也就是把分数作为分率的另一特质相混淆。例4考查学生对分数意义的理解，通过数形结合，根据见到的相同部分，判断各自单位"1"的量的大小，强化分数的分率特质，形成学生的空间观念。

素养是运用知识、技能解决各种复杂实际情境的高级能力。在应用中考查知识、技能的目的在于，树立把握本质、活用知识的数学教学导向，提倡有活力知识与素养的生成。

二、转换问题视点，关注过程体验

课标强调数学学习既要关注学生学习结果，也要重视学习的过程。所以，试题的设计应把学习过程作为考查的重要目标，引导教师在日常教学中充分重视学生经历知识的形成过程，切实落实经历、体验、探究等过程性教学目标。

（一）指向知识形成过程

评价要关注知识的形成过程，引导学生经历"有过程的学习"，关注知识的联系，促进知识的深刻理解，从而真正达到"知其然，也知其所以然"。

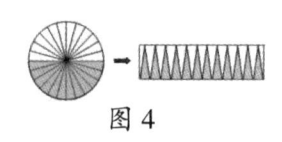

图4

例5. 如图4所示，把圆分成若干等份，剪拼成一个近似长方形。长方形的宽是2cm，长是( )cm。

设计意图：本题将考查的视角落在圆的面积的推导过程，重在沟通转化前后图形之间的联系，避免那种不经历过程的僵化记诵和不明白转化原理的机械套用。

例6. 图5中的长方形中摆了5个1cm²的正方形，这个长方形的面积是（　　）。

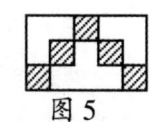

A. 5cm²　　　B. 12cm²　　　C. 15cm²　　　D. 18cm²

图5

设计意图：本题将考查的视角落在密铺测量走向长度测量的跃迁过程，沟通二维与一维之间的联系，让学生明白为什么计算长方形的面积，只要测量它的长和宽的真正道理。

（二）暴露学生思维过程

设计合适的题型，力图暴露学生的思维过程，有助于了解学生的学习水平，及时发现学生的知识和思维上存在的问题，便于在今后的教学中对症下药。

例7. 24的因数共有8个。

小明写出了7个：1、2、3、4、6、12、24。

按照小明的排列方法，他漏写了（　　）后面的（　　）。

晓静也写出了7个：1、24、2、12、3、4、6。

按照晓静的排列方法，她漏写了（　　）后面的（　　）。

设计意图：暴露罗列因数的思考过程，考查有序列举的意识和能力。

例8. 求图6这个图形的面积，各种算法分别是怎样算的，用虚线表示出来。（第1种已画）

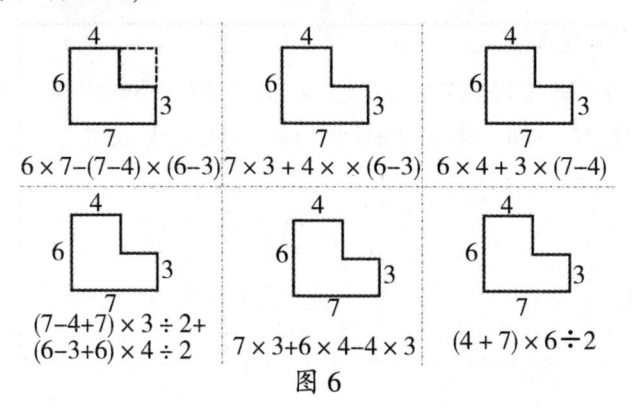

6×7−(7−4)×(6−3)	7×3+4××(6−3)	6×4+3×(7−4)
(7−4+7)×3÷2+ (6−3+6)×4÷2	7×3+6×4−4×3	(4+7)×6÷2

图6

设计意图：给出算法，表示分法，考查学生对算法背后的算理理解。聚焦数学学习过程，关注对过程方法的经历与体验，不仅是数学教学的主要目标，也是考查力求体现的重要指标。

三、找准思维支点，关注能力发展

课标强调，数学学习要注重"四基"，培养"四能"。在设计试题时，应关注并体现课标提倡的能力导向，合理设计试题类型，找准内容的思维支点，考查学生的数学核心能力发展情况，促进学生数学综合素养的提升。

（一）**数学运算能力**

例9. 如图7所示，用竖式计算265×39时，箭号所指的数表示（　　）。

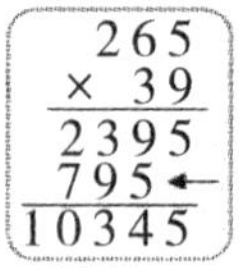

A. 3个265　　　　B. 10个265

C. 30个265　　　D. 265个1

例10. 与左边竖式表达的算法一致的点子图是（　　）。

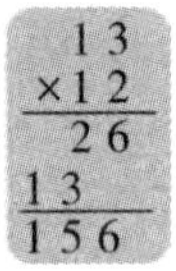

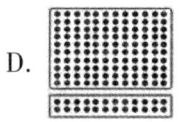

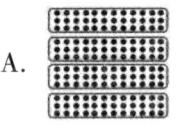

设计意图：培养运算能力的关键在于"理解算理、寻找算法、明理得法、以理驭法"，例9和例10的设计旨在关注转化算法的思维过程，重视沟通算法与算理之间的联系。不过分追求计算速度，不过度强调技巧训练。

（二）**空间想象能力**

例11. 将图8中的直角三角形 ABC 以直角边 BC 所在的直线为轴旋转一周，求所得图形的体积列式正确的是（　　）。

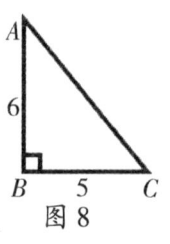

A. $3.14×5^2×6$　　　　B. $3.14×6^2×5$

C. $3.14×5^2×6×\dfrac{1}{3}$　　D. $3.14×6^2×5×\dfrac{1}{3}$

例12. 如图9所示，一个无盖的正方体纸盒，下底标有字母"A"，沿图中的粗线标记将其剪开，展开后平面图是什么样的，请在下面的方格图中画出来（注意标出"A"所在的位置）。

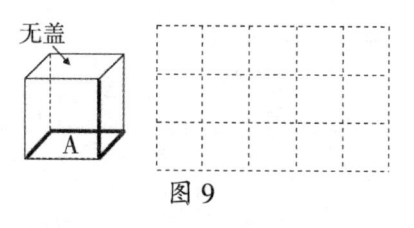

图9

设计意图：空间观念的本质是空间想象力，既包括从现实物体到平面图形的抽象，也包括从平面图形到现实物体的想象，"想象"才是促使孩子空间观念纵向逐步加深的助推器。本题旨在考查学生化平面为立体、化静态为动态的空间想象力。

（三）数据分析能力

例13. 图10所示为一辆赛车沿着3千米的平坦的跑道跑第二圈时的速度变化情况。右下方的5张不同跑道图，（　　）是这辆赛车行驶的跑道。（注意：S是起点）

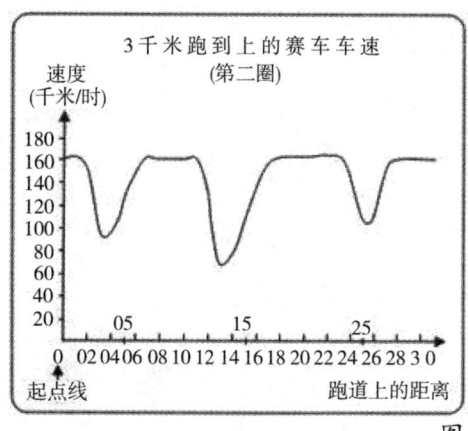

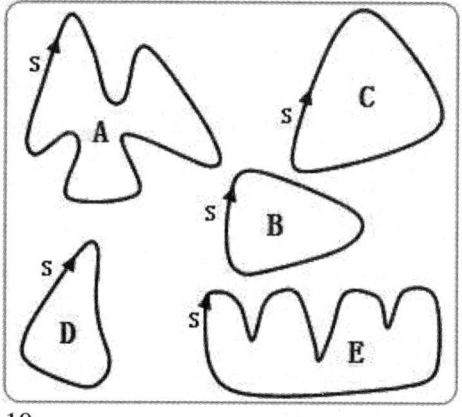

图10

例14. 张先生是某品牌衬衫专卖店的经理，他对2017年该品牌的短袖衬衫的四个季度的销售情况进行统计。

（1）下面四张条形统计图中，你认为是张先生制作的"2017年某品牌的短袖衬衫四个季度销售情况统计图"的是（　　）。

A.   B.   C.   D.

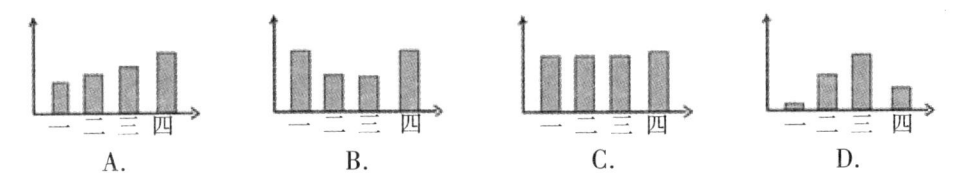

（2）请说说你选择的理由。

设计意图：例13和例14旨在考查学生的数据分析能力。要求学生读懂统计图中的信息，经过对比、筛选，联系生活经验，做出分析、推理判断，并学会交流及阐述理由。因为基于问题背景、生活经验、价值取向等方面差异，对于同样一组数据，可以有多种分析方法，所以评价标准要相对开放，采用满意原则（只要是基于数据分析做出的合理预测或决策即可），重在考查学生思维过程。

（四）推理表达能力

例15. 图11所示线段表示0°到360°

图 11

（1）请在线段上标出直角、平角的相应位置。

（2）点A表示（　　）角，点B表示（　　）角，请分别写出你判断的依据。

例16. 两摞相同规格的羽毛球整齐地叠放在桌面上，如图12所示（单位cm）。像这样10个羽毛球叠放在桌面上有多高？请写出你的想法。

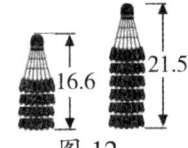

图 12

设计意图：例15和例16旨在考查学生在解决实际问题过程展现出来的逻辑推理、数学表达等综合应用能力。数学表达的形式要不拘一格，可以进行纯文字的推理论证，也可以用列式计算的方法予以解决，还可以通过画图等方法进行直观阐释。

虽然很多数学教学内容蕴含着多种思想方法和学习能力，但对不同内容领域的学习，其培养学生的核心能力也应当有所侧重。因此命题的考查目标应抓大放小、秉轴持钩，指向该内容领域的核心能力，充分发挥评价的导向功能，促进学生核心素养的发展提升。

第48讲：凸显数学思考，提升数学素养

——促进学生数学思考的习题设计探讨

关注学习过程、促进数学思考、培养数学能力，已成为当前数学教改中的热门话题。为了在习题、试题的设计上体现上述关注，落实过程方目标，我带领部分一线骨干教师参与了福州市"促进学生数学思考的习题、试题设计研究"课题，在研究过程对习题设计"关注过程、促进思考"有以下几点心得。

一、寻找支撑点，引导学生变换视角，进行空间想象

小学生的空间想象能力有一定的局限性，教师应该在平时的教学中多加引导、训练，帮助学生在头脑中构建研究对象的空间形状和简明结构，并进行一些实物操作，进行相应的想象和思考。教师设计习题时必须从静态习题中找到能推动学生立体思考的支撑点，引导学生变换视角，综合观察影像，进行空间想象。

（一）根据平面想象立体，引导学生在头脑中折合

可以设计一些平面和立体相互转化的练习，培养学生在头脑中想象和操作的能力。

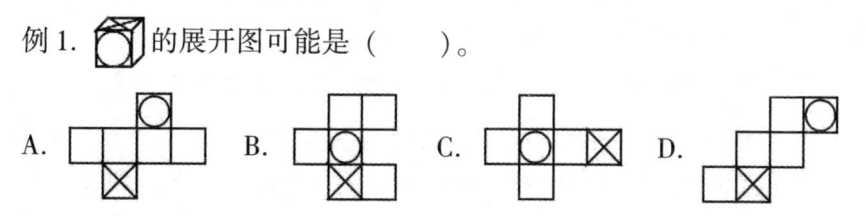

例1. ▢ 的展开图可能是（　　）。

A.　　B.　　C.　　D.

从选项中，学生无法直接看出哪个图是正方体的展开图、哪个展开图折成正方体后画"○"和"×"的面是相邻的。因此，学生只有展开空间想象，哪些图折不成正方体、哪些图能折成正方体但画"○"和"×"的

面不是相邻的，才能找到答案。

（二）根据局部想象整体，引导学生在头脑中综合

可以设计一些根据物体若干局部信息推断出整体形状的练习，培养学生分析和综合信息的能力。

例2. 根据提供的信息，猜测物体的形状。

a. 燕子会认测这个物体可能是_____、_____或_____。

b. 小狗会认为这个物体可能是_____、_____或_____。

C. 综合以上信息，你认为这个物体是_____。

D. 请你在下边方格中画出拿开挡板后小猫看到的图形。

从同一个方向观察不同形状的立体图形，得到的形状可能是相同的，只有把不同方向看到的形状进行综合，才有可能在头脑中形成物体完整的表象。本题先发散再聚合，引导学生通过想象把几个单向的信息在头脑中复合，还原成正确的立体图形。

虽然习题提供的信息只是局部、分散的，但是设计习题的"支撑点"是立体、综合的，能引导学生经历从分析到综合的过程，引导学生去变换视角思考，从而感悟思考和想象的方法。

二、针对疑难点，引导学生外显思维过程，进行有序思考

小学生的逻辑思维刚刚起步，习惯于点状切入、线状延伸地思考问题，经常因思维无序而产生混乱或遗漏，影响问题的解决。因此，教师在平时教学中要重视引导学生进行有层次、有条理的思考，促进学生养成全面、严密地思考问题的思维品质。在设计习题时，必须针对学生思考过程中的疑难点，找准切口、改进题型，以巧妙的设计来暴露学生思维的主要

过程，提高诊断效果。

(一) 找准切口，暴露学生的思维过程

设计习题时，可以学生平时易错问题作为切入点，暴露学生寻找答案的思维过程，引导学生学会有序思考问题。

例3. 36的因数除了1、2、3、4、9、18、36，还有（　　　　）。

在找一个较大合数的因数时，学生往往容易出现重复或遗漏，而"有序找"和"结对找"是避免出现上述问题的有效途径。但是，如果只注意"有序找"，可能花的时间比较多，如果只注意"结对找"则容易漏掉"相同因数对"。以上习题可能暴露出学生"漏掉答案6"的思维过程，起到窥一斑而知全豹的作用，能帮助教师有针对性地指导学生恰当、合理地运用不同的思考方法，提高学生的思维品质。

(二) 改进题型，暴露学生的思维过程

单一的题型不利于学生进行深度思考和理性表达，教师应该根据实际需要创新和改进题型，更快地体现引导和促进学生数学思考的意图。

例4. 有5袋饼干，其中4袋各重300克，另一袋不足300克。如果用天平称，那么下面哪几幅图表示称一次就刚好找出这袋较轻的饼干？（在括号里打"√"。▱表示饼干，△表示天平）

　(　　)　　　　(　　)　　　　(　　)　　　　(　　)

本题能打破旧题型框架，创设选择与判断相结合的题型，把解决问题的不同思路作为选项，让学生思考、判断，并以形象的符号化图示，直观地展示学生的思维过程，大大地减少了画图差错和表述不当等非思维因素的干扰，学生在运用"找次品"的方法进行判断的同时，又很好地理解了"至少""保证"的含义。

设计这一类习题的关键是找准切口，找准切入点，就能找到学生理解和掌握该知识的疑难点和薄弱处。创设合适的题型，目的在于暴露学生的思维过程。可以设计选择与判断相结合的题型，把解决问题的不同思路作为选项让学生去思考、判断，从而达到检测学生思维水平的目的；也可以

143

创设填空与解答相结合的题型，引导学生简要写出思考的关键步骤，降低纯表述的难度，体现引导和促进学生有序思考的意图。

三、选择陌生点，引导学生打破常规，进行创造思考

创造力来源于打破常规的思维方式。要培养学生的创新意识，就得选择学生思维的"荒僻处"做文章。编制内容或形式上非常规的问题，让学生在无所借鉴的情况下去观察、分析，寻找问题的内在联系，创造性地解决新问题，并在经历这个思维挑战的过程中学会研究和解决新问题的方式、方法。

（一）内容领域陌生化

教师可以引进一些教材未涉及的数学习题让学生探究，使学生在面临新问题时能积极思考，寻找解决问题的方法，提高探究能力，培养创新意识。

例5. 下列加法竖式的计算规则，与我们学过的加法计算有所不同。请注意观察前两道竖式，找出规则。

①　　1010　　　②　　11100　　　③　　101011
　　 +1100　　　　　 +11010　　　　　 +11010
　　―――――　　　 ―――――　　　 ―――――
　　 10110　　　　　 110110

a. 你发现计算的规则是：0+0=_____；1+0=_____；1+1=_____。

b. 利用这个规则，计算第3道竖式。

本题打破常规，让学生独立探索新定义的算法（二进制加法），小学生虽然对二进制比较陌生，受十进制的惯性思维干扰，产生认知冲突，但是只要仔细观察、比较，归纳出新定义的规则，就能够顺利地解决与新定义算法有关的问题。

（二）方法策略陌生化

教师可以通过包装或改进一般习题，引导学生寻求新的方法、策略来解决"老问题"，让学生于寻常处发现不寻常，把握其本质。

例6. 晓军在电脑上使用几何画板拉动等腰梯形的控制柄时发现：向外拉到顶会变成长方形，向内拉到顶会变成三角形。于是，他想到能不

统一用其中一个面积公式来计算以下这几个图形的面积。

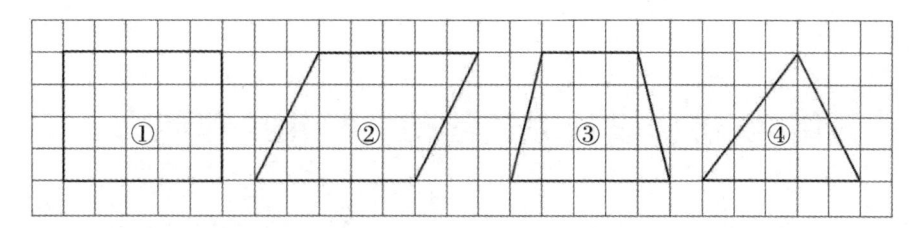

(1) 认真观察并比较上面各图形的异同，你认为可以统一用_____形的面积计算公式来计算它们的面积。

(2) 请用你所选的这个公式计算出上面各个图形的面积（前一个空列出计算过程，后一个空写得数）。

S①= _____ = _____（cm²）
S②= _____ = _____（cm²）
S③= _____ = _____（cm²）
S④= _____ = _____（cm²）

这道题引导学生寻找几种图形面积计算公式的内在联系，发现事物具有"特例"和"通质"，有利于培养学生探索、发现的能力。

应注意的是，陌生化不等于超纲，不能为了陌生化而随意拔高要求。因此，习题既要引进生活元素、注入时代气息、落实数学思考、渗透数学文化，又要充分考虑学生实际，真正做到让学生学以致用、创新思考。

第49讲：设计关键活动，孵化说理能力

数学学科核心素养是什么？不同专家的理解不同，但却都注重学生对数学的思考与表达。应聚焦核心问题设计关键活动，引导学生在经历探究数学知识的活动过程中学会数学地思考与表达，从而理解知识本质，发展数学思维，提升说理能力。本文所指的关键活动，是指在数学教学中能承载主要教学目标，突破教学核心问题的数学活动。它的实施成效往往决定着课堂教学的成败。关键活动的设计主要可以从以下方面进行考量：

一、基于生活实际设计活动，引导学生从经验中寻"理"

著名数学家华罗庚说过："人们早就对数学产生了枯燥乏味、神秘难懂的印象，成因之一便是脱离实际。"所以，设计关键活动的重要考量之一就是要密切联系生活，打通数学与生活的通道，让原本枯燥乏味的数学问题因生活化而变得亲切、真实、鲜活、可感，从而唤醒学生熟悉而丰富的生活经验，使他们的思考与表达既有数学理性又有生活温度。

例如，江苏特级教师张齐华执教六年级拓展课《数据影响决策》时，巧妙地以"超市建哪里"为题，创设了一个开放而富有挑战性的生活化问题情境："某社区只有两个成熟的小区，他们之间相隔一条长600米的街道。考虑到方圆几百米之内没有一家超市，某连锁超市的老板准备在这条街道上建一家超市。如果你是老板，你打算把超市建在哪里？"这样的活动有助于引导学生以超市老板的视角，根据实际数据做出合理决策，使这个原本抽象而枯燥的统计学问题，因赋予生活情境而变得真实可感且鲜活有趣。学生因此兴趣盎然、脑洞大开。大部分学生一开始坚定地认为超市应该建在A、B两个小区的中点。张老师适时提醒："你们确定建在中点一定是最好的选择吗？会不会还有一些重要的因素在你们做出决策时需要考

虑?"一语唤醒梦中人,学生的各种生活经验被瞬间唤醒,成了说理的有力依据。比如,有的学生觉得需要考虑小区人数,居民还有的学生认为到超市买东西的频率也很关键……随着学生的探讨从需要考虑人数到购买力再到消费次数……建设超市的方案一次次被推翻和重构,学生的思维也在一次次被打破中不断向纵深推进。学生在充满烟火味的决策和说理中,深刻体会到数据对决策的影响。

这种植根生活沃土的数学实践活动,能激发学生的学习兴趣,促进学生对数学的理解,在引导学生综合运用数学知识解决生活实际问题的同时,从"生活经验"中汲取养分,学会结合实际思考,基于数据说理,培养合情合理进行思考与表达的能力。

二、基于认知差异设计活动,引导学生在交锋中辨"理"

设计关键活动的另一个重要考量就是要准确了解学情,合理利用差异。学生之间的认知差异是客观存在的。直面差异,呈现真实的学习活动样态,是"真学"课堂的基本要求。特别是遇到有挑战性的学习任务时,我们要充分利用差异资源创设辩论式交流活动,引发学生的观点交锋,让学生在观点交锋和智慧碰撞中交流思辨,有效经历从疑到宜、从误到悟的自然生长过程,在真实的学习中体验成长的愉悦。

例如,我在教学人教版六年级上册《用抽象"1"解决实际问题》时,通过前测和访谈了解到:学生认为这个问题比较难,一时无处下手;画图解题比较麻烦,对解题也无明显助益;通过

你读懂了什么?有什么疑问?

这条道路,如果我们一队单独修,6天能修完。

如果我们二队单独修,9天才能修完。

如果两队合修,多少天能修完?

图 1

预习或其他渠道得知用假设"1"的方法解决也不知其所以然。针对学情，我做了充分预案，设计了交流活动。

（1）展示认知差异。上课伊始我直接抛出问题（如图1），让学生直面困难，用5分钟时间通过自主思考与合作交流尝试解决问题，最终发现学生解决问题中所存在的问题。这时，教师只要做好一件事，就是顺学而导，通过现场采访、有序反馈的形式，依次暴露不同层次学生的真实想法。

（2）直观助力辨析。我展示了一位学生的作品（隐去图中数据，见图2），问：你觉得这幅图表示的是哪一种方法，为什么？学生的理由大同小异，但他们在辨析中会发现：不管设为哪种具体量或者"1"，结果都是一样的，因为这里的工作效率和工作总量的关系不变，所以无论路的总长怎么变，两队合修所需的时间都不变。最终，学生在辩论交流中体会到假设工作总量为"1"的合理性和简洁性。

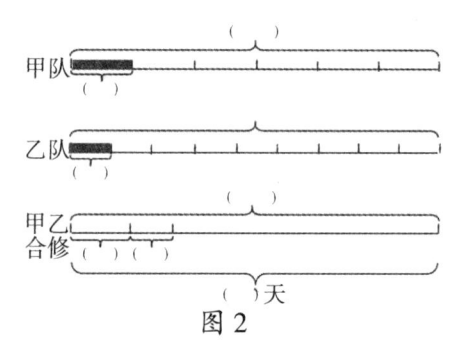

（3）拓展促进建构。最后压轴的是集开放性和思辨性为一体的"辨析说理活动"，引导学生在辨析说理中实现对新知的深度理解和方法建构。

由于抓住了认知差异，展开了辩论式的辨析、交流活动，真正做到了还学生以自主，学生在经历了从难到破、渐辨渐悟的探究过程体验到自主求知、探索突破的学习愉悦。这种源于差异、融于认同的观点交锋，有助于学生学会审辨式地思考与表达。

三、基于知识本质设计活动，引导学生于联系中悟"理"

数学教学中要强调对数学本质的认识，否则会将生动活泼的数学思维活动淹没在形式化的海洋里。设计关键活动的第三个重要考量就是要重视引导学生在说理过程中沟通知识之间的内在联系，把握数学本质，使学生的说理不但言之有据，而且言之有质。

例如，罗鸣亮老师在教学《小数乘整数》时，巧妙地设计了一个思辨性说理活动，引导学生讨论小数乘整数与整数乘法的联系与区别，进而提出"○○○ ○○○ ○○○ ○○○"能够表示30×4＝120和0.3×4＝1.2中哪个算式的算理问题，引发学生思辨。有的学生认为"都不可以"，因为"○○○ ○○○ ○○○ ○○○"表示的是3×4＝12；有的认为"可以表示前者"，只要把一个○看成10，这个图就能够表示（3×4）个10等于12个10，即30×4＝120；有的认为"还可以表示后者"，如果把一个○看成0.1，这个图也能够表示（3×4）个0.1等于12个0.1，即0.3×4＝1.2。在这个说理过程中，大家逐渐感悟到还可以往上扩展把○看成100、1000……也可以往下拓展把○看成0.01、0.001……都可以用3×4来计算。罗老师正是抓住四则计算的本质"按计数单位分组计数"，直观地用1个○来表示计数单位，以图示"能表示哪个算式"这个精巧的核心问题为支点设计思辨活动，引导学生从算式与直观的联系中深挖知识本质，领悟到小数乘整数与整数乘法的共性——都是在计算几个"几"。

综上可见，在课堂教学的关键环节设计这样的关键活动来引导学生说理、辨析，能引导学生学会透过表象抓本质，养成良好的思辨意识与习惯，从而促进认知结构和思维方式的整体发展。

第50讲：拓宽研读维度，深度理解教材

教材是教学内容的重要载体，是教师设计教学的主要依据、学生学习活动的基本素材。教师教材研读能力的高低直接影响教师教学设计与实施的准度、效度与深度。教师一般会对所教学内容的逻辑线进行梳理，而对于教材编排中的内容呈现、对白留白、习题设置等缺乏深入的研读思考。本文以"轴对称"的内容为例（本内容人教版和苏教版都安排在四下，北师大版安排在五上，为简洁论述，下文中只称版本），着重从内容呈现、对白留白、习题设置等方面探讨多版本教材研读的策略。

一、于内容呈现中明探究方式

教材内容的素材选择和呈现方式往往蕴含着引导学生探究学习的目的和方式。教师能否以辩证发展的眼光，把静态的教材动态呈现、枯燥的材料生动重塑、点状的知识结构化演绎，对于引导学生充分经历探究发现的过程和揭示数学知识的本质都至关重要。

好的呈现方式不但能体现数学知识的形成过程，而且具有明显的探索性，为学生提供充分的观察思考与合作交流等探索活动空间。

如三种版本的教材都提供了方格图，让学生在方格图上根据对称轴补全轴对称图形。这就要求学生从原来对折"实物图"来认识轴对称图形的感性操作，提升为借助"方格图"脑补想象还原轴对称图形的理性思考。其实质依然是一脉相承的"做中学"，提倡让学生在数学活动中自主探究、增长知识、积累经验、感悟思想。教材中呈现的方格图是学生学习轴对称等图形变换的重要工具，它为学生建立方位感和距离感提供了有力的参照，是发展学生空间观念的重要载体。方格图的运用，一方面说明探究学习的目标提升了，要求学生从具体动作思维向抽象逻辑思维转变；另一方面降低了画图操作的难度，为学生的探索留下了更大的自主空间。

二、于对白、留白中觅学法线索

教材的图文都是经过编者反复考量、精心打磨的精华，字里行间往往隐藏着引导学生学习探究的重要线索。其中一些人物的对白就非常关键：或置疑启思突破重难点，或画龙点睛揭示本质。而恰当的留白同样不容忽视，可以"留"出自主学习空间，"留"出创新思考空间，"留"出精彩生成空间。

（一）读懂对白，寻找学法指导

教材中常常通过人物对白制造认知冲突，以此激发学生的问题意识，为学生发散思考提供学法指导。

比如，人教版例2"补全轴对称图形"时小精灵的提问："怎样画得又快又好？"这里意在帮助学生梳理补全轴对称图形的过程，总结补全轴对称图形的步骤和方法。北师大版"淘气、笑笑"和苏教版的"小蔬菜"也以"是轴对称图形吗""你是怎样画的"等关键问句激发了学生的问题意识，引领学生深度思考。

除了关注关键之问，我们还要留意点睛之答。有的对话有问有答，有的对话寓答于问，寥寥数语却已画龙点睛，揭示了知识的本质。

比如，北师大版"轴对称再认识（一）"主题图中出示了8个常见的平面图形，图③是邻边不相等的平行四边形。淘气问："图③是轴对称图形吗？"淘气认为，左右两边的图形大小和形状都一样，是轴对称图形。笑笑认为，图③无论沿哪条直线对折，两边图形都不能完全重合，不是轴对称图形。这样的对白既体现了学生对轴对称图形的可能错误认识——容易与中心对称混淆，又揭示了轴对称图形的本质特征。

2. 悟透留白，体会思想方法

教材有意不写或略写的内容往往是编者的"留白"艺术，让学生有机会自主总结方法、建构模型，感悟蕴含的数学思想，为学生留下更多探索与思考的空间。因此，我们研读教材时要悟未尽之言。

数学源于生活，却高于生活。如对数字、字母的标准化呈现，不再纠结于字体、写法等主观因素产生的歧义。教师引导学生感悟研究轴对称图形要着眼整体、适度抽象，关注数学本质，忽略无关细节，从图形运动的角度，用数学的眼光去观察和思考。可惜的是，这种留白往往会被忽略，或者被教师的替代抽象所填补。

比如，人教版主题图中只出示标准化处理的实物图片，教师可以让学生讨论第五幅图（三色旗）中一共有几条对称轴，考虑颜色对称的学生会认为只有一条对称轴，不考虑颜色对称的学生会认为有两条对称轴。就实物而言，它们除了关于直线的对称，还有其他的对称，甚至颜色的对称。但从数学的角度，轴对称图形只研究对称点到对称轴的距离是否相等，而不考虑颜色。因此，教师有必要引导学生把它们简化、抽象成图案（平面图形），再来对折、研究。这种留白，虽不着一字，但已经足以让我们明白抽象对数学研究的必要性。

三、于习题设置中辨能力梯度

教材的习题不但是例题的巩固运用，而且是例题的有效补充和拓展，通常是围绕教学重点和难点有梯度地展开，是考量教学目标达成情况的重要衡量依据，也反映了学生数学能力的发展梯度。所以，研读习题时，我们不但要研读其对应的知识点，还要考量其背后的"能力点""思想线"。

（一）基础练习：把握梯度，兼顾四基

教材的基础练习包含模仿练习和变式练习，是对全体学生所要达到的学习目标的基本要求，具有基础性、针对性、应用性、层次性特征。教师研读基础练习要关注以下问题：本课要达成的基本知识技能是什么，要求达到什么程度，在生活中有哪些应用，要积累什么活动经验，渗透什么思想方法等，从中窥探教学的重难点。

如人教版第83页的"做一做"两题，主要目的是帮助学生梳理轴对称图形的特点，巩固轴对称图形的性质等相关知识。练习二十的第1题、第2题帮助学生进一步认识对称轴和体会轴对称图形的特征和性质。第3题至第5题重在积累活动经验，培养空间观念。苏教版第6页的"练一练"两题，以及练习一的第5题、第6题，不仅要求按例题进行模仿练习，画出轴对称图形的对称轴和根据对称轴补全轴对称图形，重点还要让学生说说操作的过程与方法。北师大版第24页的"练一练"第1、2题配合问题串，鼓励学生再次经历补全或画出轴对称图形的过程，理解轴对称图形的意义。第3题鼓励学生利用轴对称图形的特征进行创造性设计。综上可知，本课要达成的基本要求是：掌握定量刻画轴对称图形的特征和性质，画出轴对称图形的对称轴和根据对称轴补全轴对称图形的知识技能；获得寻找对称点及画出轴对称图形的另一半的活动经验，发展学生的空间观念。而在方格纸上补全轴对称图形既是本课的教学重点，又是难点。

(二) 拓展练习：重视应用，关注发展

教材的拓展练习往往在最后出现，通常标明是思考题、问号题或星号题，不要求全体掌握。这种拓展往往具有内容上的综合性、运用上的灵活性和思维上的挑战性。因此，教师应重点研究三个问题：为什么拓展？往哪里拓展？怎样拓展？

如人教版练习二十的第6题就是一道拓展提升的思考题。拓展的原因是对称轴斜置，拓展的目的是通过画出对称轴斜置时图形的另一半，丰富学生补全轴对称图形的经验，进一步熟悉补全轴对称图形的方法，加深理解轴对称的特征。在拓展过程中，教师要把握拓展的度，只拓展到与方格图的水平或竖直方向夹角为45°的特殊斜置。

又如北师大版的"轴对称再认识（二）"的"练一练"第4题（如何把"9"变成"6"）为拓展题。拓展的原因是要经过两次"翻转"（即轴对称变换），需要一定的空间观念。拓展的目的意在鼓励学生在动手操作中再次理解轴对称图形的含义，培养学生的想象能力。拓展过程中重在让学生明确所画的另一半是哪一个方向，并鼓励学生充分想象，再说说图形的变换过程。本题妙在答案开放，过程不唯一。

从以上拓展题可知，补全对称轴斜置时图形的另一半，虽然丰富了对称轴的非常规样例，有利于儿童打破对称轴只能水平或垂直方向的误识，但是这种位图需要更强的空间想象力，大大增加了学生操作的难度，因而不要求每位学生都掌握。至于画出某个图形的轴对称图形，其实本质上与补全轴对称图形的另一半一样，作为拓展题让学生活跃思路，有利于后续学习的发展。

综上，教师研读教材一定要从大处着眼、从细处着手，既要把握大的方向，又要重视细节的对比推敲，才能正确领会教材所承载的丰富内涵，为学生学习的真正发生、有深度地进行打下良好的基础。

图书在版编目(CIP)数据

小学数学教学疑难问题50讲/黄朝峰著.—福州：海峡文艺出版社,2023.8
ISBN 978-7-5550-3353-0

Ⅰ.①小… Ⅱ.①黄… Ⅲ.①小学数学课－教学研究－文集 Ⅳ.①G623.502－53

中国国家版本馆CIP数据核字(2023)第130997号

小学数学教学疑难问题50讲

黄朝峰 著

出 版 人	林滨
责任编辑	何莉
出版发行	海峡文艺出版社
经　　销	福建新华发行(集团)有限责任公司
社　　址	福州市东水路76号14层
发 行 部	0591—87536797
印　　刷	福建东南彩色印刷有限公司
厂　　址	福州市金山浦上工业区冠浦路144号
开　　本	720毫米×1010毫米 1/16
字　　数	150千字
印　　张	10
版　　次	2023年8月第1版
印　　次	2023年8月第1次印刷
书　　号	ISBN 978-7-5550-3353-0
定　　价	52.00元

如发现印装质量问题,请寄承印厂调换